수상한 재봉틀의 생활 소품

리넨으로 완성하는 일상의 멋
수상한 재봉틀의 생활 소품

지은이 김영랑
펴낸이 정규도
펴낸곳 황금시간

초판 1쇄 발행 2018년 5월 30일
초판 2쇄 발행 2018년 7월 27일

편집 신소연 권명희
디자인 ALL designgroup
사진 정정호
재단 도안 일러스트 렐리시
패턴 김영랑 **그레이딩** 현진CAD

황금시간
Golden Time

주소 경기도 파주시 문발로 211
전화 (02)736-2031(내선 362, 364)
팩스 (02)6677-7775

출판등록 제406-2007-00002호
공급처 (주)다락원
구입문의 전화 (02)736-2031(내선 250~252)
　　　　　팩스 (02)732-2037

Copyright ⓒ 2018, 김영랑

저자 및 출판사의 허락 없이 이 책의 일부 또는 전부를 무단 복제·전재·발췌할 수 없습니다. 구입 후 철회는 회사 내규에 부합하는 경우에 가능하므로 구입문의처에 문의하시기 바랍니다. 분실·파손 등에 따른 소비자 피해에 대해서는 공정거래위원회에서 고시한 소비자 분쟁 해결 기준에 따라 보상 가능합니다. 잘못된 책은 바꿔 드립니다.

값 16,500원
ISBN 979-11-87100-57-7 13590

http://www.darakwon.co.kr
- 다락원 홈페이지를 통해 주문하시면 자세한 정보와 함께 다양한 혜택을 받으실 수 있습니다.
- 기타 문의사항은 황금시간 편집부로 연락 주십시오.

리넨으로 완성하는 일상의 멋

수상한 재봉틀의 생활 소품

Kitchen · Fashion · Living

김영랑 지음

황금시간

prologue

흑석동 외가의 한 쪽방에는 재봉틀이 식구처럼 자리 잡고 있었습니다. 어릴 적 무거운 발틀을 굴려보며 따라 하던 기억이 납니다. 할머니의 여름 윗도리에는 연필 선이 그어져 있었는데 아마 패턴도 없이 연필로 그리고 박음질해서 그날로 입으셨던가 봅니다. 할아버지께서 돌아가시고 신도시 고층 아파트로 이사를 오면서 구식 재봉틀도 같이 따라왔습니다.

엄마도 혼수로 발틀 재봉틀을 해오셨답니다. 어느결에 그즈음의 유행처럼 손재봉틀로 바꿨지요. 젊은 엄마는 당신의 옷을 뜯어내어 소매 없는 원피스와 멜빵 스커트를 만들어 어린 딸에게 입혔습니다. 사진 속 같은 무늬 두 벌의 다른 옷은 그런 연유입니다.

직장 생활을 그만두고 남아도는 시간이 밤낮으로 길어지자 재봉틀을 샀습니다. 만만하게 바느질 '이나' 해볼까 할 수 있었던 것은 재봉틀 앞에 앉아있던 할머니와 엄마의 모습이 익숙해서였을 겁니다. 그냥 앉아서 하면 되는 줄 알았던 거죠. 그리고 실제 그랬습니다.

살살 박다 보니 가방도 만들어지고 앞치마도 만들어졌습니다. 원단을 고르고 색을 맞추기 위해 공을 들이기는 하지만 사실 제 작품의 구 할은 직선박기로 만들 수 있습니다. 구멍을 내고 주름을 잡고 지퍼를 다는 것이 초보 때에는 산을 하나 넘는 것보다도 어려웠어요. 그래서 '어떻게 하면 직선박기만으로 완성할 수 있을까?' 일머리가 그쪽으로 돌아갔습니다. 결국, 독특한 색감의 원단에 얹어낸 간결한 만듦새는 수상한 재봉틀의 지향점이 되고 이번 책의 기본 방향도 되었습니다.

재봉틀 앞에 처음 앉아서 겁먹은 분들께 하고 싶은 말은 직선박기만 되면
만들 수 있는 것이 너무 많다는 겁니다. 단춧구멍 따위 못 내도,
지퍼 달 줄 몰라도, 유려한 곡선을 맞추지 못해도 말이죠.

바느질을 자연스레 대하는 마음씨와 솜씨를 저에게 모자람 없이 물려주신
외할머니 이명직 님께 감사드립니다. 구순의 외조모께서 써주신 '수상한 재봉틀'
여섯 글자는 이미지 파일로 따서 명함에 담았습니다. 내가, 나의 작업이
어디서 비롯되었는지 기억하고 싶었습니다.
아버지 김진태 님, 어머니 이용자 님께는 모든 것을 감사드립니다.
첫 책 부족한 줄 알면서도 벅찬 것은 두 분께 기쁜 소식이 될 것이기 때문입니다.
잘 이끌어준 신소연 편집자에게도 못지않게 고맙습니다. 덕분에 마쳤습니다.

예쁘고 편리하고 저렴한 공산품이 넘쳐나는 시절에 기능과 실용, 경제성
어느 면으로나 바느질과 바느질하는 사람은 구닥다리입니다. 재봉이 능숙하고
디자인이 뛰어난 사람들을 줄 세워보면 저는 끄트머리 어디쯤이겠지요.
세상에 하나밖에 없는 것을 만든다는 자부심이 별스러운 것도 아닙니다.
그럼에도 제가 바느질을 하는 이유는 이 한 문장으로 설명할 수 있겠네요.

바느질하는 시간은 '내가 좋아지는' 시간이기 때문입니다.

여러분들도 '내가 좋아지는' 시간을 찾기 바랍니다.

김영랑

contents

Prologue —— 4

Chapter 01
KITCHEN
키친

01 키친 클로스 —— 10
02 테이블 러너 —— 14
03 지그재그 스티치 코스터 —— 18
04 플레이스 매트 —— 22
05 포트 홀더 —— 24
06 커트러리 보관집 —— 28
07 꽃 끈 허리 앞치마 —— 30
08 그레이 롱 허리 앞치마 —— 32
09 핀턱 허리 앞치마 —— 34
10 앞트임 원피스 앞치마 —— 36
11 컬러 블록 원피스 앞치마 —— 38

Chapter 02
FASHION
패션

12 사각 스카프 —— 44
13 트라이앵글 스카프 —— 48
14 통 원피스 —— 52
15 튜닉 블라우스 —— 56
16 주름 스커트 —— 60
17 랩 스커트 —— 64
18 넓은 끈 크로스 가방 —— 66
19 라미네이팅 가방 —— 70
20 빅빅빅 가방 —— 72
21 내추럴 헤비 리넨 가방 —— 76

Chapter 03
LIVING
리빙

22 가리개 —— 80
23 슬립 —— 82
24 로브 —— 84
25 거즈 블랭킷 —— 86
26 커튼 —— 88
27 방석 커버 —— 92
28 베개 커버 —— 96
29 이불 커버 —— 98

Chapter 04
BASIC
바느질의 기초

01 준비물 —— 104
02 원단 소개 —— 106
03 바이어스 —— 108
04 끈 만드는 법 —— 109
05 올 튕기는 법 —— 110
06 시접 처리 —— 110
07 모서리 정리하기 —— 111

Chapter 05
HOW TO MAKE
만드는 방법

 Chapter 01

KITCHEN
키친

01
키친 클로스
×
Kitchen Cloth

재봉틀을 마련해서 먼저 무엇을 해볼까 고민스러운 분들에게
가장 권하고 싶은 것이 키친 클로스입니다.
만들기는 평이하지만, 쓰임새는 다양하기 때문입니다.

한동안 뜨거웠던 킨포크 풍의 잡지나 사진을 보면 빠짐없이
등장하는 소품이 있는데 테이블 한쪽에 놓여 있는 구깃구깃한 리넨입니다.
키친 클로스는 멋으로 쓰이는 것 같지만 실은 무척 실용적인 아이템입니다.
빵이나 접시 밑에 받쳐 스타일링 하는 데도 물론이고
핸드타월, 오븐 덮개, 가리개, 냄비 받침 등 가지가지로 활용할 수 있어요.

거친 직선박기여도 앞으로 갈 줄만 알면 만들 수 있으니까
재봉질 시작 아이템으로 이보다 적당한 것은 없을 겁니다.
저는 다양한 푸른색의 줄무늬 원단만 골라서 만들어 보았는데요,
좋아하는 패턴만 모아본다던가, 다양한 직조 감의 원단을 골라
나만의 키친 클로스를 만들어보세요.

시접 폭은 꼭 1cm가 아니어도 됩니다. 2cm, 3cm일 때 또 다른 느낌을 주니까요.
또 고리에 변화를 주는 것도 좋겠지요. 기성의 것과는 다른 내 손으로 만든
것만이 줄 수 있는 '다름'을 즐겨주세요.

HOW TO MAKE
p.116

01 | KITCHEN

―― 02 ――
테이블 러너
×
Table Runner

015

앞에서 키친 클로스를 만들어보았다면 테이블 러너도 쉽게 만들 수 있습니다.
요즘은 가정집에도 긴 형태의 테이블을 많이 들여놓았지요.
이렇게 긴 테이블 상차림에서 요긴하게 쓸 수 있는 것이 테이블 러너입니다.

테이블 전체를 폭 덮는 테이블보는 너무 커서
아무래도 사용하고 세탁하는 데 부담스럽습니다.
그래서 좁고 긴 형태의 테이블 러너는 어떤가 싶어요.
예전에는 러너라 하면 테이블 가운데에 가로질러 올려두었는데
방향을 90도 돌려서 사용하면 한두 명을 위한
상차림에도 멋있게 쓸 수 있습니다.
 손님치레를 자주 하는 집이라면 여러 장 만들어 두고
마주 보는 두 사람씩 짝지어 깔아주면 매트가 따로 없어도 됩니다.
넓으면 넓은 대로 정찬 상차림에, 좁으면 좁은 대로 다과 상차림에 좋아요.

용도대로 폭을 다양하게 만들어보세요.
다만, 길이는 테이블 상판에서 30cm 정도 이상은 내려와야 보기 좋아요.

—— 03 ——

지그재그 스티치 코스터

×

Zigzag Stitch Coaster

HOW TO MAKE
p.118

코스터는 '완성선을 따라 박은 후 뒤집어서 창구멍을 막는다.'가 만들기의 다입니다.
하지만 그렇다고 해서 만들기까지 수월한 건 아니에요.
완성해 놓은 코스터를 보면
'이 사람 손끝이 야무지구나!' '헐렁하구나!'가 단박 드러납니다.
모서리를 얼마나 날렵하게 빼냈는지, 창구멍을 얼마나 잘 숨겼는지가 관건이지요.
그런데 이 두 가지 과정 모두 제법 귀찮답니다.
모서리 날렵하게 빼내는 건 요령이 붙었는데,
창구멍 막기는 아직도 여전히 귀찮습니다. 창구멍을 숨기는
가장 흔한 방법은 손바느질로 공그르기하는 것인데, 이전 과정까지는
재봉질로 후루룩 박아버리다 갑자기 바늘에 실을 꿰어 한 땀 한 땀 꿰매려니
아마 그 변속의 괴리를 참기 힘든가 봅니다.

표현이 좀 거창해지기는 했지만, 이 지그재그 스티치 코스터는
결국 창구멍 막기에 꾀가 나서 궁리해낸 방법입니다.
'창구멍을 손바느질로 바꾸지 않고 그대로 재봉질로 해야겠는데,
깔끔하게 막고 장식도 할 수 있는 방법이 없을까?'하고요.
원단을 뒤집은 후 창구멍부터 시작해서 지그재그로 박아주세요.
어떤 규칙도 없으니 중간에서 멈춰도 되고 끝까지 전체 면을 다 박아도 됩니다.
안 되는 건 없어요. 이왕이면 마음에 드는 다양한 색실로 해보세요.
컵의 느낌과 잘 맞는 코스터에 받쳐 음료를 낼 때 느껴지는 소박한 기쁨이 분명 있을 겁니다.

Zigzag Stitch Coaster

HOW TO MAKE
p.120

04

플레이스 매트

×

Place Mat

플레이스 매트는 개인용 매트, 1인용 매트라고 할 수 있어요.
큼직하게 식사용 매트로, 조금 작은 다과용 매트로 모두 가능합니다.
방법적인 면에서는 코스터를 크게 만드는 것과 다를 바 없어요.
원단을 뒤집어서 다양한 방법으로 스티치를 넣으면 됩니다.
미리 선을 긋지 않아도 됩니다.
왔던 길을 한 번 더 가도 되고, 가운데 X자는 넣어도 좋고 빼도 좋아요.
선이 좀 삐뚤빼뚤 해도 괜찮으니 겁내지 말고 직진!

── 05 ──•
포트 홀더
×
Pot Holder

HOW TO MAKE
p.122

집에서 커피를 자주 내려 마시는 저는,
뜨거운 주전자 손잡이를 잡거나 받침 용도로 포트 홀더를
애용합니다. 물론 공산품으로 나오는 실리콘이며 코르크 등의 냄비 받침이
기능적으로 훨씬 더 쓸모 있을 수도 있겠지만 집에 내 손을 타서 만든 것들이
돌아다니는 것을 보면 괜히 좋아요. 그래서 찾는 거잖아요.
손으로 만들었다는 것들 말이에요.

겉감은 리넨이고 안쪽 충전재는 폴리 솜 대신 거즈를 넣었습니다.
폴리 솜을 쓰면 만들기 편하고 반듯한 모양이 나오지만 좀 뻣뻣한 느낌입니다.
그에 비해 거즈를 여러 겹 겹쳐 넣으면 모양은
좀 못생겨지지만 폭신폭신하지요. 만들다 보니 포트 홀더는 두툼하면서도
모양이 얼마나 예쁘게 잡히느냐가 관건이더군요.
충전재가 얇으면 만들기는 편치만 두께 감은 안 나오고,
두툼하게 만들려다 보니 뒤집다가 제 속이 뒤집어지고
특히 모서리는 날렵한 게 아니라 둥근 그 무엇이 되어버립니다.
뒤집고 뒤집다 보니 어느 날 거즈를 여러 겹 넣고도
모서리는 날렵하고 예쁘게 뒤집는 요령을 터득해서 신났습니다.
책에도 안 나온다는 뭐 그런 비법을 얻은 기분이랄까요.

Pot Holder

HOW TO MAKE
p.124

06
커트러리 보관집

×

Cutlery Bag

나무를 깎아 만든 요리 도구를 하나둘씩 사 모으다 보니
가짓수가 제법 많아져서 보관용 집을 만들기로 합니다.
아무래도 칸을 만들어 주는 게 제일 귀찮은 일인데 줄무늬, 체크무늬처럼
선이 들어간 원단을 쓰면 과정이 간단해집니다.
저는 스티치가 들어간 원단을 썼어요.
칸 너비를 일괄적으로 똑같이 하기보다는
내가 가진 도구의 크기나 두께에 따라 달리 해보면
맞춤 보관집이 되겠지요.

―― 07 ――

꽃 끈 허리 앞치마

×

Waist Apron

무지 원단 한 가지로는 앞치마가 단조롭습니다.
패턴 원단을 한 가지 더 준비해서 끈과 허리 부분을 강조하면
더 개성 있는 앞치마를 만들 수 있어요.
단아한 느낌이 좋다면 비슷한 분위기로, 화려한 느낌이 좋다면 과감한 무늬로,
모던한 느낌이 좋다면 기하학무늬의 원단을 권합니다.
저는 허릿단과 끈을 패턴 원단으로 했지만 좀 더 간단하게 하고 싶다면
끈만 몸판과 다른 원단으로
만들어 달아도 충분히 독특한 느낌을 줄 수 있습니다.

HOW TO MAKE
p.126

HOW TO MAKE
p.128

08
그레이 롱 허리 앞치마
×
Long Gray Waist Apron

앞치마는 길이에 따라 분위기가 확 달라져요.
무릎 위로 올라오는 짧은 앞치마는 발랄한 느낌을 주는 반면
종아리까지 내려오는 긴 앞치마를 두르면 우아해요. 손님치레가 많은 분이라면 유용한 앞치마입니다.
제시해 드리는 앞치마 길이나 폭에 너무 구애받지 말고
본인의 체형과 좋아하는 느낌을 잘 생각해보고 자유롭게 만들어보세요.

그레이 롱 허리 앞치마는 또 다른 방법으로 끈을 만들어봅니다.
제가 즐겨 하는 방법이지요. 원단을 갖고 하는 일이다 보니
작업실에는 지천으로 다양한 원단이 돌아다니잖아요.
늘 이 원단 저 원단을 대보다 보면 '아, 정말 잘 어울린다!' 하는 조합이 있어요.
그런 원단들을 이어주는 겁니다. 끈 끄트머리에 색다른 원단을 대서 한복 소매 끝동처럼요.
실제로 저는 한복 사진을 보면서 아이디어를 얻기도 합니다.
다양한 무늬와 색상 또는 짜임의 원단을 응용해서 만들어보세요.

09

핀턱 허리 앞치마

×

Pintuck Waist Apron

핀턱(pintuck)은 핀처럼 좁게 집어 박는 주름으로
블라우스에서 많이 봤을 거예요.
핀턱을 넣어주면 단조로운 앞치마에 귀여움이 단박 드러납니다.
핀턱 잡다가 하루가 다 갈 수도 있지만,
해 놓고 보면 힘들었던 마음은 주름 사이사이 숨어버릴 겁니다.
좀 작게, 아이를 위한 핀턱 허리 앞치마로도 만들어보세요.

HOW TO MAKE
p.130

HOW TO MAKE
P.132

—— 10 ——

앞트임 원피스 앞치마

×

Slit Apron

기본 원피스에서 변형을 준 트임이 있는 앞치마입니다.
활동이 많은 분은 좀 긴 듯한 앞치마를 두르면 걸을 때 치덕치덕 걸리는 게
불편하다고 합니다. 롱스커트가 그렇잖아요.
트임을 주면 확실히 큰 걸음걸이에도 걸리지 않고 심지어 착용감도 가벼워집니다.
얌전하게 쓸 거라 트임이 굳이 필요 없는 경우,
이 트임을 주는 과정만 생략하면 기본 앞치마가 됩니다.

11

컬러 블록 원피스 앞치마

×

Two-color Apron

HOW TO MAKE
p.135

두 가지 색감의 원단을 써서 만들었습니다.

몸판 위쪽과 아래쪽의 색감을 달리해서 만든 컬러 블록 앞치마입니다.

비슷한 톤이나 보색으로 색감을 달리해도 좋고,

무지와 패턴이 있는 원단을 쓰는 것도 좋습니다.

컬러 블록 앞치마에 대한 아이디어는

색 조화가 쏙 마음에 드는 옷차림이나 물건에서도 얻어요.

'아 이렇게 색을 같이 쓰면 예쁘구나.' 하고요.

평소 마음에 드는 색 조합을 눈여겨 봐두고 앞치마에 응용해보세요.

Two-color Apron

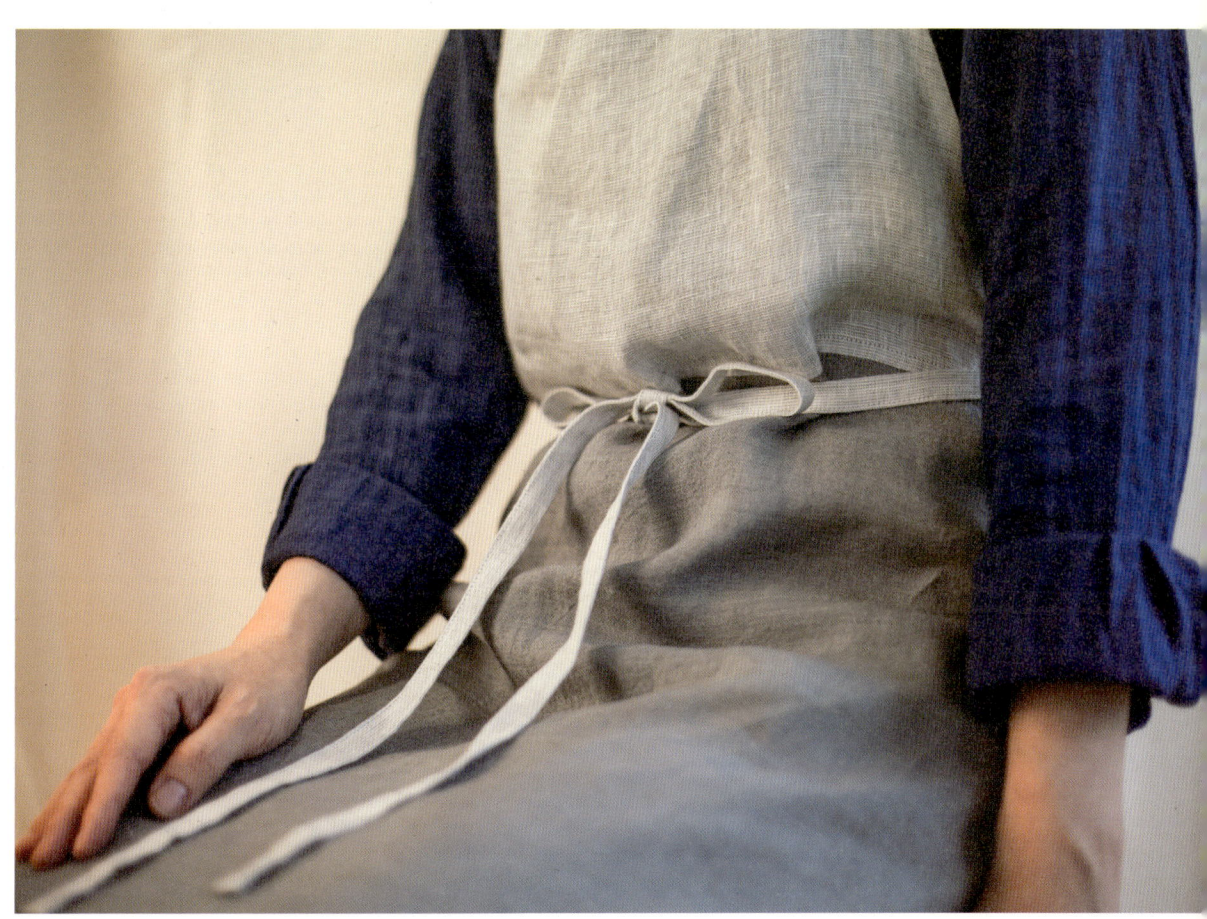

 Chapter 02

FASHION
패션

HOW TO MAKE
p.137

12

사각 스카프

×

Scarf

다른 작품을 만들고 애매하게 남은 리넨으로 스카프를 만듭니다.
그래서 제 스카프는 대개 정사각도 아니고 롱 스카프도 아닌 어정쩡한 직사각형이에요.
리넨의 자연스러움과 고급스러움을 가장 잘 느낄 수 있는 것으로는
단연코 스카프라 할 수 있어요. 후루룩 목에 두르면 멋있기로는
리넨 스카프만 한 것이 없습니다. 리넨의 한쪽 끄트머리(셀비지)는
그대로도 멋진 장식이 됩니다.
굳이 사방을 모두 박지 말고 셀비지는 그대로 살려보세요.

Scarf

스카프의 마감은 말아박기 노루발을 쓰면 시접을 좁게 박을 수 있어 예쁘지요.
그런데 재봉질 초보일 때는 말아박기의 시작과 마감이 너무 어려워서 포기하고,
결국 일반 노루발로 접어박기를 해버렸어요.
익숙해지면 시접 면이 좁아져서 완성도가 높아집니다.
처음에는 시접이 좀 넓어도 괜찮으니 욕심내지 말고 하세요.
시접이 너무 좁아지면 시작하고 마감할 때 기계 속으로 말려 들어가 그때 망치게 되거든요.
저는 그렇게 몇 번을 말아먹고는 그냥 손바느질로
세월아 네월아 감치기를 했던 기억이 납니다.

스카프는 마감이 좀 거칠어도 크게 눈에 띄지 않습니다.
원단의 색감과 조직감에 눈이 가는 아이템이에요.
자, 또 직선박기를 시작해볼까요!

HOW TO MAKE
p.138

— 13 —

트라이앵글 스카프

×

Triangle Scarf

리넨을 보통 여름 원단이라고 생각하지만, 우리가 면을 사시사철 쓰는 것처럼
원산지인 유럽 쪽에서는 리넨을 계절에 구애받지 않고 씁니다.
가을 즈음 리넨 스카프가 좀 차갑게 느껴진다면
씨실은 울, 날실은 리넨으로 직조한 울리넨 혼방을 쓰는 것도 방법이에요.
울의 따뜻함과 리넨의 청량한 촉감이 묘하게 섞여서 따뜻하지만
무겁지 않은 스카프를 즐길 수 있어요.

Triangle Scarf

— 14 —

통 원피스

×

Dress

저는 옷을 전공한 사람이 아니라
패턴이 복잡하거나 재봉법이 까다로운 옷은 어렵습니다.
당연히 소개할 옷도 초보자들이
쉬이 도전할 수 있는 원피스예요.
펼쳐놓으면 알파벳 T자 모양의 통 원피스입니다.
너무 풍덩 할까 싶어 주머니를 달았지만,
그마저도 성가시다 싶으면 생략하세요.
리넨, 더블거즈, 데님, 코듀로이까지 어떤 원단으로도
괜찮은 패턴이니, 다양한 원단으로 만들어보세요.

HOW TO MAKE
p.141

— 15 —•

튜닉 블라우스
×
Tunic Blouse

HOW TO MAKE
p.144

직사각형 원단 두 장으로 만드는 블라우스입니다.
길이를 달리하는 것만으로 세 가지 형태의 옷이 나오지요.
짧게 하면 블라우스로, 엉덩이를 가리는 튜닉으로,
무릎이나 종아리까지 길게 하면 원피스로요.
또 네크라인도 입는 이에 맞춰서 좀 더 시원하게 트거나
너무 드러나서 불편하면 더 밭게 박아주세요.

Tunic Blouse

HOW TO MAKE
p.146

— 16 —

주름 스커트

×

Pleated Skirt

주름 스커트에 대한 저의 편애는
20세기 영화 천장지구를 보면서 시작되었습니다.
저뿐 아니라 주인공 유덕화, 오천련을 지켜보며 훌쩍여 본 언니들은
누구나 주름 스커트에 대한 로망이 있을 거예요.
그 러브스토리에 애가 타서 우네부네하면서도
그녀의 발목까지 오던 주름 스커트를 다시 보겠다며
비디오테이프를 되감던 별 기억이 다 있네요.

감이 톡톡해지면 부해져서 보기에도 부담스럽고, 특히나 주름으로
천이 여러 겹 포개지는 허리 부분이 배져서 불편해지거든요.
그러니 주름 스커트를 위한 감은 하늘하늘한 것이 좋아요.

20세기 영화는 주말의 영화가 되어버렸지만
21세기를 사는 언니들은 오천련의 치렁치렁한 주름 스커트를 입고
여전히 설레는 외출을 합니다.

Pleated Skirt

17

랩 스커트
×
Wrap Skirt

 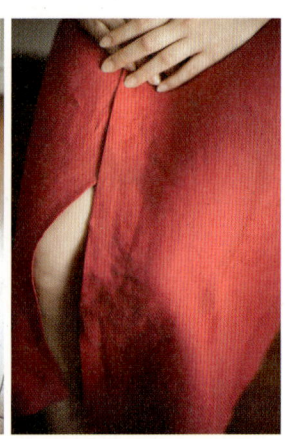

살짝 벌어지는 랩 스커트 자락은
꽤 여성적이고 관능적인 느낌을 줍니다.
그래서 랩 스커트는 라인이 어떻게 떨어지느냐가
'예쁘냐, 안 예쁘냐'를 가르는 것 같아요.
자연스럽게 아랫단에 층을 두는 묘미가 있으니
패턴을 잘 살펴보세요.

HOW TO MAKE
P.149

― 18 ―

넓은 끈 크로스 가방

×

Cross Bag

HOW TO MAKE
p.152

소개하는 네 가지의 가방은 모두 사각이지만 단지 크기나 소재, 색감만 다른 것이 아닙니다.
바닥을 내는 방법, 끈을 다는 등의 디테일이 각기 다릅니다.
이를 응용해서 가방 사이즈와 비율만 달리하고 소재나 색감을 여러 조합으로 달리해서
다양한 디자인의 가방을 만들어볼 수 있어요.

Cross Bag

그중 가장 기본이랄 수 있는 넓은 끈 가방을 먼저 만들어보겠습니다.
저는 납작이 가방이라고도 부르는데요. 가방의 바닥이 없어서예요.
넓은 끈 가방은 크로스 가방입니다. 한때는 소지품을 많이 들고 다니는 편이라
짐을 잔뜩 넣은 무거운 가방끈이 어깨살을 파고들면 아프더라고요.
그래서 무게를 분산시키려고 끈을 넓게 만들어 본 건데
끈 원단을 패턴 있는 것으로 댔더니 훨씬 개성 있는 가방이 되더군요.
넓은 끈이 기능적으로도 미적으로도 포인트가 되는 가방이지요.
그러니 끈 원단을 고를 때 좀 더 신경 써주세요.

— 19 —

라미네이팅 가방

×

Laminated Fabric Bag

HOW TO MAKE
p.155

라미네이팅 원단은 리넨이나 면 등에 라미네이팅이라는 코팅을 한 원단이에요.
요즘의 라미네이팅 원단은 뻣뻣하지 않고 얇으면서도 유연해서 재봉질하기도 좋습니다.
또 올이 풀리지 않으니 재단도 수월하고 시접 처리에 대한 고민을 하지 않아도 되지요.
다루기 편한 원단이니 재봉질 초보자에게 여러모로 권합니다.

HOW TO MAKE
p.158

02 | FASHION

— 20 —
빅빅빅 가방
×
Big Big Big Bag

이 가방의 매력은 큰 사이즈에 있습니다.
사이즈가 있는 만큼 원단도 어느 정도 두께가 있고
조직감이 두드러지는 올 굵은 원단이 좋습니다.
일상에서 데일리 가방으로는 부담스럽지만,
여행 가방으로도 좋고
중성적인 디자인이니 남성분에게도 좋아요.

Big Big Big Bag

HOW TO MAKE
p.161

— 21 —

내추럴 헤비 리넨 가방

×

Natural Heavy Linen Bags

이 가방은 안감 없는 홑겹이지만 오버로크를 하지 않고도
안쪽의 시접을 깔끔하게 처리하는 방법으로 만들었습니다.
저는 올이 굵은 헤비 리넨을 선택했지만 삼중거즈 또는
광목처럼 에코백에 흔히 쓰이는 원단 어느 것이라도 괜찮습니다.

 Chapter 03

LIVING
리빙

— 22 —

가리개

×

Shade

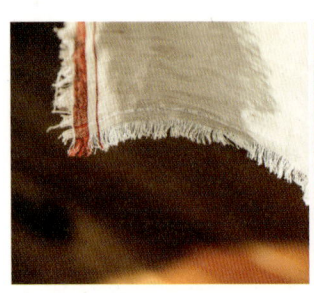 

바작바작 햇볕이 앉아있는 리넨을 만지는 느낌도 좋고,
성긴 올 사이로 햇살이 통과하면 반쯤 비치는
리넨을 바라보는 것도 참 좋습니다.
그게 리넨을 찾는 이유일 거예요.
대개 서향으로 나 있는 주방 창에 가리개를 드리워 볼까 싶을 때,
늦은 오후까지 해가 들이치는 작은 방 수납장에
가리개를 달아 볼까 싶을 때, 리넨을 권해요.
톡톡한 것보다는 얇거나 올이 성긴 리넨이 더 적당합니다.

HOW TO MAKE
p.164

HOW TO MAKE
p.166

23

슬립

×

Slip

실내복과 외출복 겸용으로 입을 수 있는 슬립입니다.
슬립은 실내복 또는 잠옷으로도 좋지만,
요즘은 끈 있는 원피스로 티셔츠나 블라우스 위에
겹쳐 입어 곧잘 외출복으로도 입더군요.

화려한 패턴의 면이나 레이온 폴리 혼방처럼
할랑할랑한 감으로 만들어보세요.
멋스러운 원피스가 될 거예요.
자연스러운 느낌의 리넨은 리넨대로,
패턴이 화려한 감은 화려한대로 다 좋습니다.

24

로브

×

Robe

요즘 눈에 띄는 원단 중 하나는 거즈(gauze)에요. 붕대나 거즈 손수건을 떠올리면 익숙할 겁니다. 거즈는 가볍고 부드러운 무명베를 말합니다.

거즈는 겹에 따라 다양한 이름이 있습니다. 한 겹이면 단면거즈 또는 싱글거즈, 두 겹이면 이중거즈 또는 더블거즈, 세겹거즈 또는 트리플거즈 그리고 사중거즈도 있습니다. 흔치 않지만 그대로 아이 이불을 만드는 6중 거즈까지.

가볍고 부드럽다는 특성 때문에 갓난아기를 위한 배내옷이나 아기 이불로 많이 쓰였지만, 요즘은 여러 색상과 다양한 가공을 하면서 단면거즈나 더블거즈는 스카프로도 좋고 더블거즈 삼중거즈는 옷감 또는 이불감으로도 좋아요.

HOW TO MAKE
p.168

HOW TO MAKE
p.170

— 25 —
거즈 블랭킷
×
Gauze Blanket

이 블랭킷은 무릎담요로도 좋지만, 아기 이불로도 손색이 없습니다.
주변에 아기들이 태어나면 출산 선물로 만들어 보냈는데,
말하자면 저로서는 조카에게 보내는 이모의 편지 같은 거였어요.

한 땀에 '잘 먹어야 한다', 한 땀에 '잘 자야지',
한 땀에 '오늘도 즐거웠어?', 한 땀에 '궁금한 건 없었니?'
하는 안부와 기원을 담은 편지 말이에요.

쓸 사람을 생각하면서 아까워서 버리지 못하고 간직해 두었던
조각 천을 한 귀퉁이에 손바느질로 달아 넣는 것으로 마무리 인사를 합니다.

26
커튼
×
Curtain

HOW TO MAKE
p.172

초여름,

거실에 떨어지는 햇살을 다 가리기에는 아깝고

열어두기에는 너무 훤하고

그렇게 애매할 때마다 커튼을 치면서

리넨으로 하길 잘했다고 되뇌입니다.

새로 이사한 집에 가구와 짐은 다 자리를 잡았는데

아직 어수선하고 썰렁하다 싶으면

영락없이 아직 패브릭이 나와있지 않아서 그렇습니다.

커튼은 아직 매달리지 않고 침대 위 이부자리는 아직 장롱에서 나오지 않은 거지요.

살을 비비고 거실의 낯선 공기를 가만히 헤치고 안아줄 것 같은

커튼이 드리워지면 집이 좀 집 같아지는 기분이 듭니다.

Curtain

── 27 ──•

방석 커버

×

Cushion Cover

폭신한 목화솜을 넣어 방석을 만듭니다.
미끌미끌한 폴리 솜 대신 묵직하고 도톰한 목화솜을 넣으면 방석으로도 좋지만
그대로 거실에서 쿠션으로 또 침대 헤드 쿠션으로 써도 요긴해요.
평소에는 소파 위에 두고 쿠션으로 사용하고
좋아하는 색감을 맞춰서 서너 개를 만들어 놓고
한쪽에 쌓아두면 그것대로 독특한 인테리어 효과가 있습니다.

HOW TO MAKE
p.174

HOW TO MAKE
p.177

— 28 —

베개 커버

×

Pillow Cover

베개 커버는 이불 커버를 만드는 방법과 똑같이 만들어도 되지만,
지퍼를 다는것이 어려운 분들을 위해 지퍼 없는 자루형으로 만들어봅니다.
역시나 직선박기만 할 수 있다면 온 식구들 베개 커버는 철 따라 만들 수 있어요.
직선박기 또는 오버로크 시접 처리만으로도 만들 수 있는 방법
두 가지를 알려드려요. 편한 쪽으로 만들어보세요.

29
이불 커버

×

Duvet Cover

HOW TO MAKE
p.180

초보자에게 이불 커버가 어려운 이유는 사이즈가 크기 때문입니다.
코스터같이 작은 것은 자를 대고 어떻게 해볼 수 있을 것 같은데,
이렇게 크기가 커지면 가만히 있지 않고 제멋대로인 원단을
일직선으로 재단하는 것부터 만들 일이 아득해집니다.

전통 바느질을 배우면서 알게 된 요령인데요.
명주처럼 얇고 고운 천은 아무리 자를 대고 잘라도 나중에 보면 똑바르지 않습니다.
그때 방법은 올을 튕기는 겁니다. 내가 자르려고 하는 선을 기준으로
올 하나를 살살 잡아당기면 천이 울면서 눈에 보이는 선이 생깁니다.
그 선을 조심스레 잘라 나가면 재단이 수월해요.
조직이 촘촘한 고밀도 원단은 어렵지만, 리넨처럼 짜임이 성긴 편이라면
충분히 가능합니다.
그렇게 재단을 마치고 나면 정말 반은 한 거예요.

올을 튕겨볼까요!

Duvet Cover

 Chapter 04

BASIC

바느질의 기초

Basic 01
준비물

① **재단 가위** 재단용 가위를 따로 마련해서 원단을 자를 때만 사용하고, 떨어뜨리지 않는다.

② **쪽가위** 실밥을 정리할 때 유용하다.

③ **로터리 커터** 가위와 달리 여러 장을 한 번에 자를 수 있다. 그레이딩자를 대고 자르면 간단한 소품은 재단선을 그리지 않고 바로 재단할 수 있다. 익숙해지면 가위보다 편하다.

④ **커팅 매트** 로터리 커터를 쓸 때 바닥에 놓고 사용한다.

⑤ **송곳** 재봉 시 꼭 준비해두면 좋은 도구이다. 모서리 뒤집을 때, 주름이나 턱을 잡아 재봉할 때 두루두루 사용한다.

⑥ 실뜯개   잘못된 박음선을 뜯거나 단춧구멍을 낼 때 사용한다.

⑦ 헤라   헤라는 원단에 잉크나 왁스 등 이물질을 남기지 않고 주름선이나 시접선을 앞뒷면 동시에 표시할 수 있어 유용하다. 그레이딩자를 대고 헤라로 누르면 주름이나 턱, 시접에 접음선이 생겨서 다림질을 따로 하지 않아도 되므로 과정을 한 단계 줄일 수 있다.

⑧ 초자고와 초크   초자고와 초크는 원단에 재봉선이나 맞춤점을 표시할 때 사용한다. 초자고는 왁스로 만든 초크로 다림질하면 선이 사라진다. 하지만 흰색밖에 없어서 밝은색 원단에는 사용이 어렵다. 밝은색 원단에는 다양한 색상이 있는 초크를 사용하면 좋다. 초크는 세탁 후에도 얼룩이 남을 수 있으니 꼭 원단 안쪽에 사용한다.

⑨ 연필   패턴을 그리거나 원단에 여러 가지 선이나 점을 표시할 때 사용한다.

⑩ 시침핀   두 장의 원단을 고정할 때 주로 쓰는 시침핀은 가격차가 제법 나지만 비싸도 품질이 좋은 것을 선택하길 권한다. 주로 핀 쿠션에 꽂아두는데, 자석에 붙여두기도 한다.

⑪ 그레이딩자(시접자)   패턴의 직선 또는 시접선을 그릴 때 사용한다. 재봉용 전문 그레이딩자는 얇아서 쉬이 구부러지므로 곡선을 잴 때도 유용하다. 이 책에서는 문구용 50cm 그레이딩자를 사용했다. 두껍고 단단해서 구부러지지는 않지만 로터리 커터나 헤라를 사용할 때는 유용하다.

⑫ 곡선자   진동선이나 목선과 같은 곡선을 그릴 때 사용한다.

⑬ 줄자   신체 사이즈를 잴 때 주로 사용하고, 패턴의 곡선 길이를 측정할 때도 유용하다.

⑭ 실   흰색, 검은색, 남색 같이 많이 쓰는 기본 색은 대용량으로 준비하면 좋다. 주로 일반 재봉실과 코아사를 많이 쓴다.
비교적 저렴한 일반 재봉실은 40수 2합사(40수 두께의 실 두 올을 꼬아서 만든 실)를 선택하면 대부분의 원단에 사용할 수 있다.
코아사는 코아(core)에 실을 한 번 더 감싸는 이중구조의 실이다. 때문에 일반 재봉실에 비해 강도와 광택이 우수해서 재봉선이 훨씬 더 고급스럽지만, 가격이 비싸게 흠이다. 45수2합사를 선택하면 무난하다.

Basic 02
원단 소개

리넨
아마(flax)라는 식물의 줄기에서 얻은 천연 섬유.

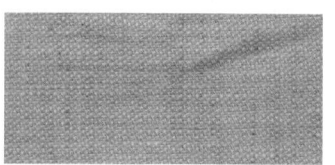

평직 & 헤링본 리넨
평직과 헤링본은 원단을 짤 때 씨실과 날실을 교차하는 방법에 따라 생기는 무늬에 따른 구분이다.
- 평직(plain)은 가장 간단한 조직으로 씨실과 날실을 한 올씩 교차해서 제직한 리넨.
- 헤링본(herringbone)은 청어의 등뼈라는 뜻으로 무늬가 사선으로 난 리넨이다.

헤비 리넨
헤비 리넨(heavy linen)이 정식 용어는 아니다. 요즘 햄프 가방이 유행인데, 햄프(hemp)는 대마로 삼베를 떠올리면 된다. 그렇지만 너무 고가이므로 올이 굵고 묵직한 햄프의 느낌을 내고 싶을 때 비교적 저렴한 5수, 8수, 11수의 두꺼운 리넨으로 대체하면 좋다.

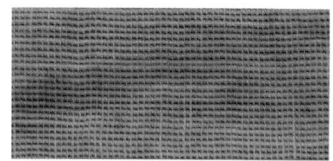

울 리넨 혼방 원단
씨실은 리넨 날실은 울로 교차 제직한 혼방으로 일종의 평직 원단이다. 리넨의 쾌적함과 울의 포근함을 동시에 느낄 수 있다.

리넨 라미네이팅 원단
라미네이팅 필름으로 덧입힌 원단이다. 빳빳한 것과 부드러운 것, 무광과 유광, 무지와 프린트, 리넨뿐 아니라면, 혼방 등 여러 가지 라미네이팅 원단이 있다. 방수가 필요한 다양한 제품을 만들기 좋다.

면

목화솜에서 뽑아낸 실로 직조한 원단

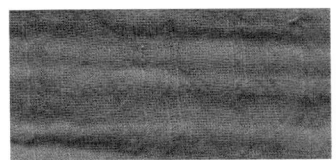

거즈

거즈(gauze)는 무명실을 성기게 짠 것으로 부드럽고 통기성 흡수성이 뛰어나다. 그런 특징 때문에 의료용 붕대, 손수건, 속옷, 아기용 제품으로 많이 쓰인다. 겹에 따라 싱글, 이중, 삼중, 사중 그리고 여섯 겹 거즈 등 여러 가지가 있다. 의류는 이중(더블)거즈 또는 삼중거즈가 무난하다.

TIP 참고로 거즈리넨이라는 것은 거즈(면)와 리넨의 혼방이라기보다는 거즈처럼 성기게 짠 리넨이라고 하는 게 맞을 거예요. 스카프용으로 좋지요.

60수 도비면

도비(dobby) 원단은 직조할 때 단순하고 작은 기하학적인 무늬들을 입체적으로 짜 넣은 것으로 멀리서 보면 무지처럼 보인다. 60수 도비면은 작고 귀여운 무늬가 입체적으로 들어간 얇은 면을 말한다.

TIP 보통 하늘하늘한 얇은 면을 60수 아사면이라고 하는데, 아사(あさ)는 일본어로 마, 모시를 뜻합니다. 아사처럼 시원하고 얇아서 아사면이라고 불리게 된 것 같은데, 의미를 보면 이상하게 조합된 단어예요. 60수 얇은 면이 더 정확한 뜻입니다.

데님(denim)

데님은 돛이나 텐트를 만드는 두껍고 튼튼한 면직물이다. 그래서 작업복, 청바지 등으로 많이 쓰이는데, 힘이 있고 내구성이 좋아서 가방 소재로도 좋다.

캔버스

신발 브랜드로도 익숙한 캔버스(canvas)는 10수 정도로 아주 두꺼운 원단이다. 올이 굵고 튼튼해서 가방이나 신발 소재로 많이 쓰인다. 두께 때문에 초보자에게는 재봉이 어려울 수 있다.

• 원단의 두께

원단의 종류 앞에 10수, 20수, 30수, 40수, 60수 등으로 붙은 숫자는 천연섬유의 두께를 의미한다. 숫자가 높아질수록 얇고 촉감이 부드럽지만 내구성은 떨어진다.

ex) 10수 캔버스 가방, 20수 옥스퍼드 셔츠, 30수 워싱 코튼 이불커버, 40수 리넨 원피스, 60수 여름 블라우스, 80수 이집트 고급 면으로 만든 런닝.

• 워싱가공

세탁을 한 원단인데 원단 가공 후 고온에서 삶아내어 건조의 과정을 거친 상태이다. 따라서 원단에서 발생한 불순물이 제거되어 보다 위생적이고 촉감도 부드러워지며 색감도 자연스러워진다. 아무런 가공을 하지 않은 원단을 '생지'라고 하는데, 같은 원단이라도 워싱가공을 하면 가격이 올라간다.

ex) 워싱코튼, 워싱리넨, 바이오워싱거즈, 워싱데님

• 선염과 나염

선염 원단은 '실 상태에서 염색을 한 다음 가공한 직물'이다. 실 자체의 색으로 직조하기 때문에 무지, 스트라이프, 체크 같은 패턴에 많이 쓰인다. 앞뒤 구분이 거의 없고 나염보다 색상이 고르고 물빠짐 현상이 적은 편이다.

나염(후염) 원단은 원단을 직조한 다음 프린트하여 색이나 무늬를 넣은 것이다. 선염에 비해 나염은 색이 빨리 바랜다. 특별히 표기가 없으면 나염 원단일 경우가 많다.

Basic 03
바이어스

만들어진 바이어스테이프를 구매하거나 혹은 바이어스메이커가 있는 경우 바이어스테이프를 만들어 쓰면 되지만 바이어스메이커가 없어도 가능하다. 바이어스메이커 대신 헤라를 이용하여 시접선을 표시하면 접음선이 생긴다.

아웃바이어스
바이어스 원단을 4등분해서 사용한다.

재단 사이즈 폭(시접×4)×길이(필요한 만큼)

1 바이어스의 겉면과 원단의 안쪽을 마주대고 바이어스의 ¼지점을 따라 박음질한다.

2 바이어스를 꺾어 접는다.

3 원단을 뒤집은 후, 바이어스로 시접을 감싸 접는다.

4 눌러서 박음질한다. 박음질 선은 옷의 안쪽과 겉면에서 모두 보인다.

인바이어스
바이어스 원단을 3등분해서 사용한다.

재단 사이즈 폭(시접×3)×길이(필요한 만큼)

1 바이어스의 겉면과 원단의 겉면을 마주대고 바이어스의 ⅓지점을 따라 박음질한다.

2 바이어스를 꺾어 접는다.

3 원단을 뒤집은 후, 바이어스로 시접을 감싸 접는다.

4 눌러서 박음질한다. 옷의 바깥쪽에서는 보이지 않고 안쪽에서만 보인다.

TIP 과정3에서 바이어스를 완성선에서 1mm 안쪽으로 들여 접으면 완성 후 겉면에서 바이어스감이 보이지 않아 깔끔해요.

Basic 04

끈 만드는 법

재단 사이즈 폭(원하는 끈의 폭×4)×길이(원하는 만큼)

트인 끈
양쪽이 모두 원단 안쪽으로 들어가는 경우 (ex. 앞트임 원피스 앞치마의 목 끈)

① 끈용으로 재단한 원단의 긴 부분을 4등분한다.
② 가운데를 접는다.
③ 다시 한 번 더 접는다.
④ 0.1~0.2cm 들여 박음질한다.

막힌 끈
끈의 끝부분이 노출되는 경우 (ex. 앞치마 허리끈)

① 끈용으로 재단한 원단을 4등분한다.
② 한쪽 끝을 1~2cm 정도 접는다.
③ 가운데를 접는다.
④ 다시 한 번 더 접는다.
⑤ 0.1~0.2cm 들여 박음질한다. 시접이 접힌 끝 부분은 두세 번 되박음질한다.

두 가지 원단을 이어서 끈을 만드는 경우
(ex. 그레이 롱 허리앞치마, 핀턱 허리앞치마)

1
연결하려는 원단 2장의 겉면을 마주대고 박음질한다.

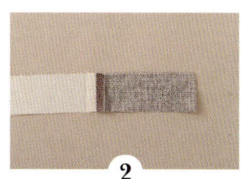

2
시접을 가른다. 또는 얇은 원단 쪽으로 시접을 모두 넘긴다.

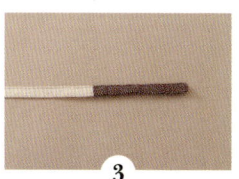

3
이후 과정은 끈 만드는 법과 같다. 완성 모습.

Basic 05
올 튕기는 법

커튼이나 이불 커버 스카프처럼 너무 커서 재단하기가 어려운 경우
원단을 반듯하게 자르기 위해 쓰는 방법이다.

1
재단하려는 위치에 가위집을 넣는다.

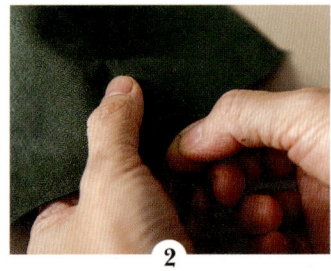
2
올을 한두 가닥 살살 잡아 당겨 뽑는다.

3
뽑아 낸 부분을 기준 삼아 올을 따라 자른다.

Basic 06
시접 처리

오버로크용 재봉틀이 있으면 좋지만 가정용 재봉틀로도 시접 처리는 충분하다.

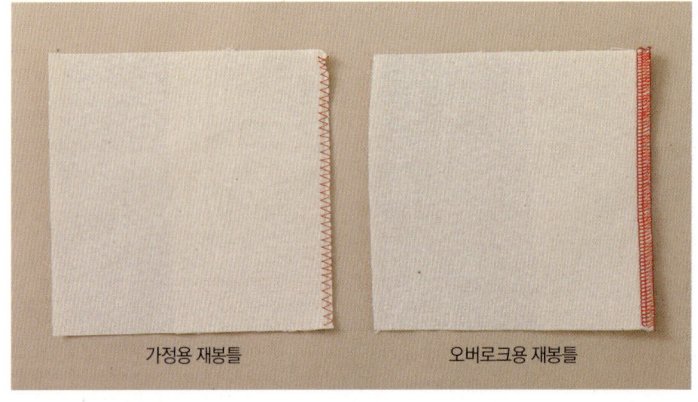

좌
가정용 재봉틀로 시접 처리한 모양. 재봉틀의 바느질 땀을 지그재그 패턴으로 놓고 박음질한다.

우
오버로크용 재봉틀로 시접을 처리한 모양.

Basic 07
모서리 정리하기

1

2장의 원단을 겉면끼리 마주보게 놓고 완성선을 따라 박음질한다.

2

모서리를 정확히 접어 손톱으로 누르거나 다린다.

3

한 손의 엄지와 검지(또는 중지)를 시접을 잡은 채로 원단의 바깥과 안쪽에 끼워 넣는다.

4

송곳 끝을 꼭짓점에 맞춰 갖다 댄다.

5

송곳을 원단과 수평으로 눕힌다.

6

겉면이 밖으로 나오도록 뒤집는다.

모서리를 날렵하게 뒤집은 경우 vs 아닌 경우

 Chapter 05

HOW TO MAKE
만드는 방법

01 키친 클로스 p.10

Ready

완성 사이즈 60cm×40cm(가로×세로)
원단 리넨 또는 면(줄무늬) 44cm×64cm
부자재 고리용 테이프 1.5cm×10cm

재단 도안

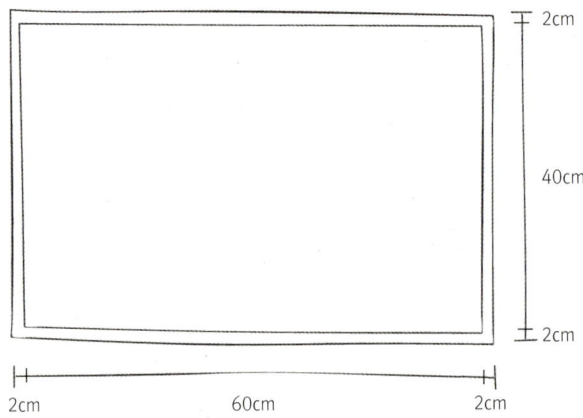

How to Make

1

원단을 재단한 후, 사방에 시접을 두고 완성선을 그린다.

TIP 원단에 완성선을 그릴 때는 펜이나, 초크를 사용합니다.

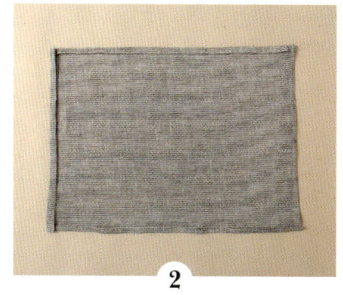

2

시접을 1cm씩 두 번 접어 다린다.

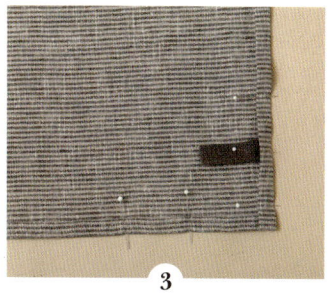

3

고리를 달 위치를 정한다. 시접 안쪽에 고리로 쓸 테이프를 반 접어 넣은 후, 시침핀으로 고정한다.

4

완성선을 따라 사방을 박음질한다. 이때, 고리 부분은 단단하게 고정하기 위해 두세 번 되박음질한다.

5

키친 클로스 완성.

02 테이블 러너 p.14

Ready

완성 사이즈 142cm×42cm(가로×세로)
(※80cm 폭 테이블 기준)
원단 리넨(청록색) 150cm×50cm

재단 도안

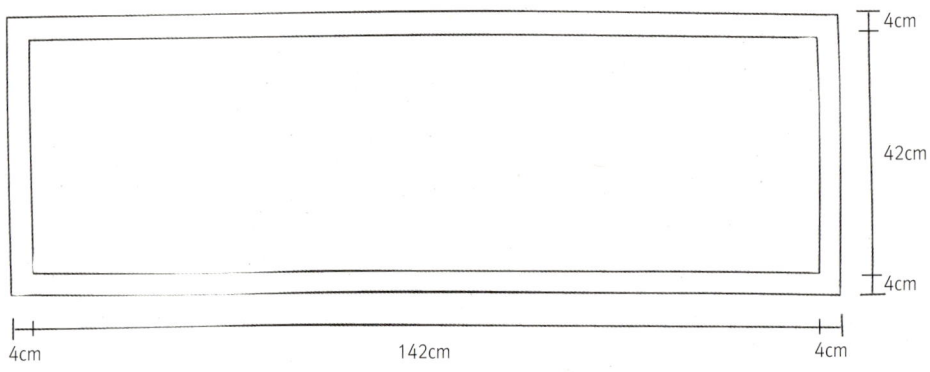

How to Make

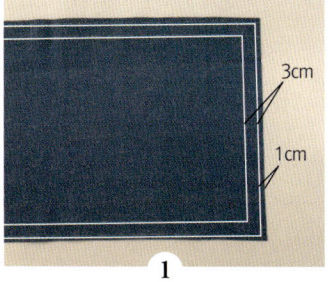
1
원단을 재단하여 준비한 후, 사방에 시접선과 완성선을 그린다.

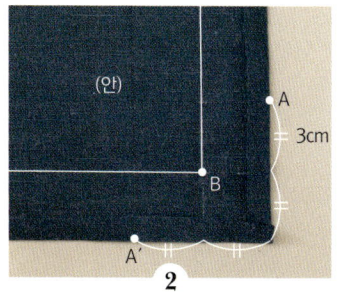
2
1cm 시접선을 접어 다린다.

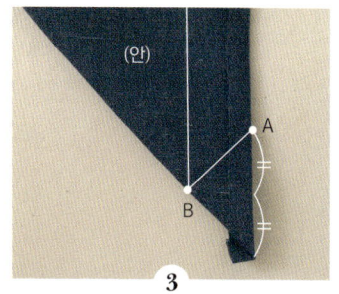
3
안쪽이 보이도록 45도로 접는다.

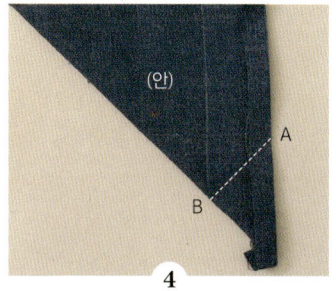
4
A에서 B까지 박음질한다.

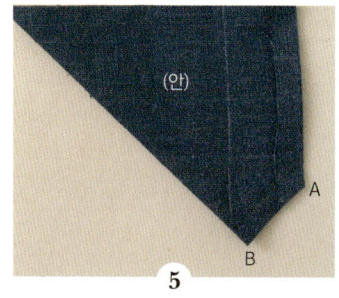
5
과정4에서 박음질한 모서리 부분을 0.7cm 정도 남기고 자른다.

6
사진처럼 원단을 펼친다.

7
모서리 부분 시접을 가른다.

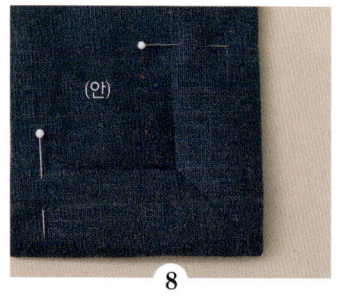
8
모서리를 뒤집어 잘 정리한 후, 시침 핀으로 고정한다.
TIP 모서리 정리하는 법은 111쪽을 참조하세요.

9
시접을 눌러 박음질한다.
※ 과정 3~9: 액자식 모서리 박기

03 지그재그 스티치 코스터 p.18

Ready

완성 사이즈 10cm×10cm(가로×세로)
원단 리넨(오트밀색) 12cm×24cm
부자재 재봉실(여러 가지 색)

재단 도안

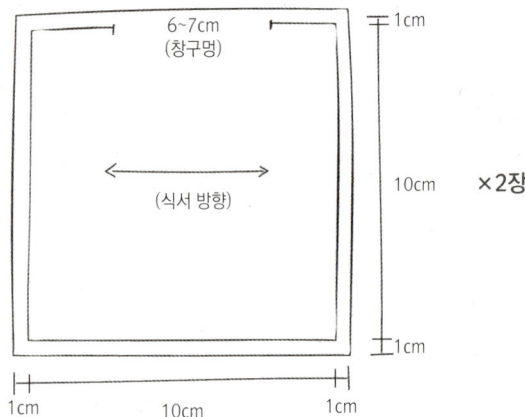

How to Make

1

원단을 재단하여 준비한다.

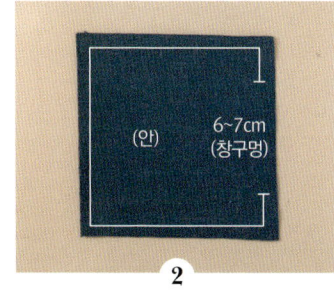

2

사방에 시접을 두고 완성선을 그린다. 이때, 창구멍(6~7cm)을 식서방향과 나란하게 표시한다.

3

2장을 겉면이 마주 보도록 포개어 놓는다. 창구멍을 제외한 나머지 부분을 박음질한다.

TIP 박음질하기 전에 시침핀으로 고정해 놓으면 원단이 울거나 어긋날 염려가 없어요.
시침핀은 박는 선과 수직으로 꽂고 재봉 시 빼지 않고 그대로 박으면 재봉바늘이 자연스럽게 건너갑니다.

4

모서리를 잘 정리한 후, 창구멍으로 뒤집는다.

TIP 모서리 정리하는 법은 111쪽을 참조하세요.

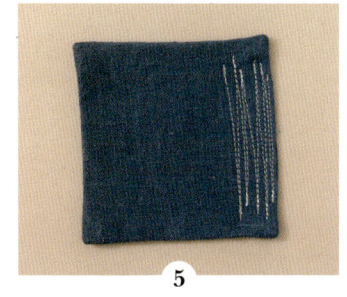

5

창구멍을 박음질한 후 실을 끊지 않고 이어서 지그재그로 박음질한다.

04 플레이스 매트 p.22

Ready

완성 사이즈 28cm×20cm(가로×세로)
원단 리넨(오트밀색) 44cm×30cm
부자재 재봉실(빨간색)

재단 도안

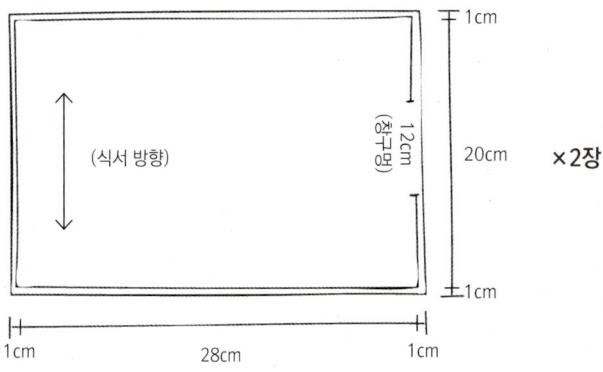

(식서 방향)
12cm (창구멍)
1cm
20cm
1cm
1cm　28cm　1cm
×2장

How to Make

1

원단을 재단하여 준비한다.

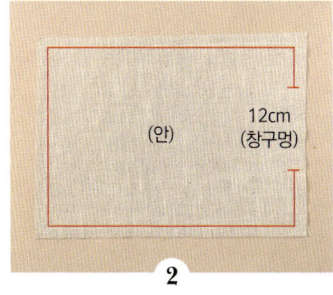

2

사방에 시접을 두고 완성선을 그린다. 이때, 창구멍(약 12cm)을 식서방향과 나란하게 표시한다.

3

2장을 겉면이 마주 보도록 포개어 놓는다. 창구멍을 제외한 나머지 부분을 박음질한다.

4

모서리를 잘 정리한 후, 창구멍으로 뒤집는다.

TIP 모서리 정리하는 법은 111쪽을 참조하세요.

5

빨간색 재봉실로 창구멍부터 완성선에서 약 0.3~0.5cm 들여 박는다. 이때, 실을 끊지 않고 사진처럼 네 면과 중앙에 X자로 선이 두세 번 겹치게 박음질한다.

[응용]

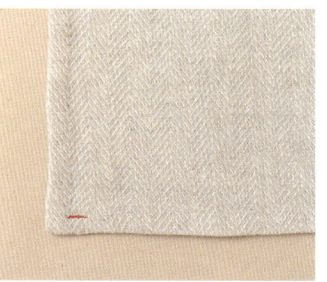

사진처럼 심플하게 넣어도 좋다.

05 포트 홀더 p.24

Ready

완성 사이즈 13cm×14cm(가로×세로)
원단 A 리넨(짙은 남색) 몸판 15cm×32cm
　　　B 삼중거즈 충전재 15cm×16cm 3~5장
　　　　(퀼팅솜으로 대체 가능)
부자재 고리용 테이프 1.5cm×8cm

재단 도안

몸판×2장

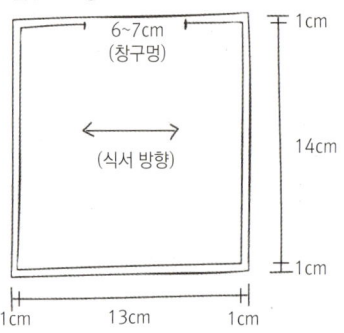

충전재×3~5장

How to Make

1
사방에 시접을 두고 완성선을 그린다. 이때, 창구멍(6~7cm)을 식서방향과 나란하게 표시한다.

2
몸판 원단 2개를 겉면이 마주 보도록 포개어 놓고, 그 위에 솜을 올린다.

3
시침핀으로 고정한다.

4
창구멍을 남기고 사방을 박음질한다.

5
솜을 완성선에서 최대한 가깝게 자른다.

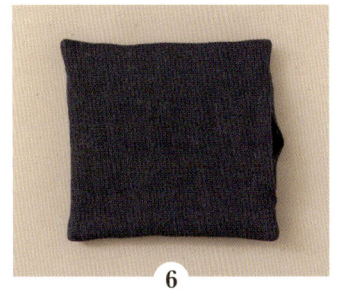
6
모서리를 정리한 후, 창구멍으로 뒤집는다.

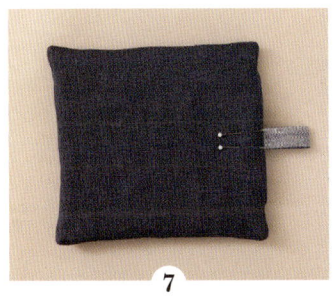
7
창구멍 중간에 고리를 끼워 넣은 후, 시침핀으로 고정한다.

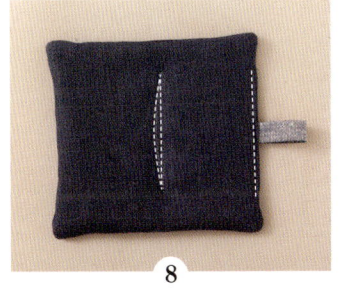
8
창구멍을 박음질한 후, 몸판 가운데 부분에 일자로 박음질한다.

[응용]

원단의 패턴과 색상, 고리의 크기와 위치, 가운데 스티치 모양 등을 다양하게 바꿔본다.

06 커트러리 보관집 p.28

Ready

완성 사이즈 56cm×28cm(가로×세로)
원단 20수 줄무늬 면(검보라색) 60cm×46cm
부자재 끈용 테이프 1.5폭×90cm

재단 도안

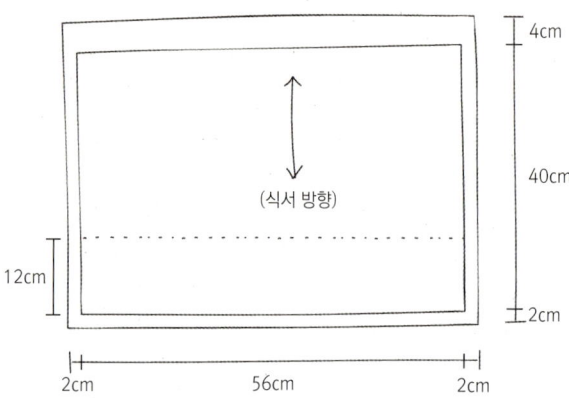

How to Make

몸판 만들기

1
원단을 재단하여 준비한다.

2
몸판 원단을 시접을 두고 완성선을 그린다.

3
위쪽은 2cm씩 두 번 접고, 위쪽을 제외한 옆과 아래쪽은 1cm씩 두 번 접는다.

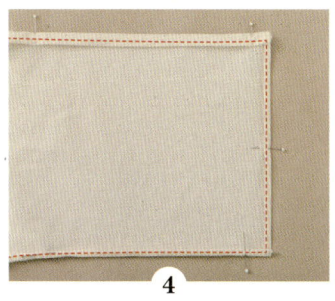
4
사방을 시침핀으로 고정 후, 시접을 늘려 박음질한다.

TIP 옆면의 셀비지(원단의 끄트머리)가 예쁘면 그대로 살려도 좋아요. 다만 올이 풀릴 수 있으므로 끝 선을 따라 박음질을 한 번 해두세요.

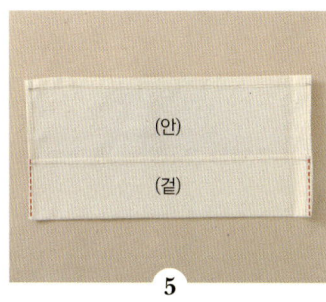
5
하단을 12cm 정도 접은 후, 양옆의 겹치는 부분을 박음질한다.

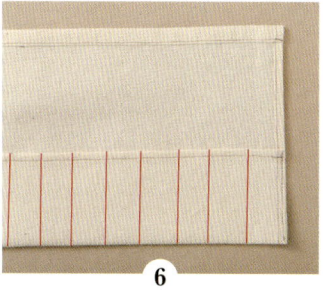
6
접어 올린 부분, 즉 키친도구나 커트러리의 자루가 들어갈 부분에 3~4cm 간격으로 선을 표시한다.

TIP 보관할 커트러리나 도구의 재질이 스텐인리스처럼 매끈하다면 간격을 좁게, 나무라면 간격을 좀 넓게 하는 것이 좋습니다.

끈 달기

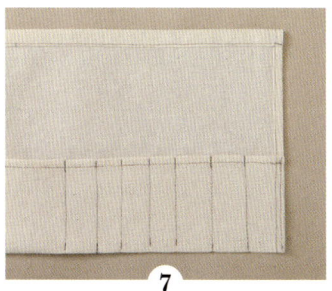
7
선을 따라 박음질한다.

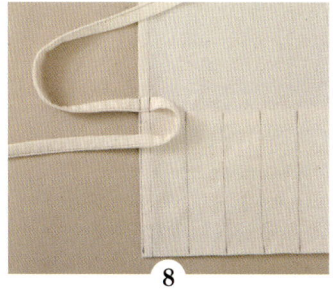
8
필요하다면 끈(테이프)을 두 줄로 박음질해 고정한다.

07 꽃 끈 허리 앞치마 p.30

Ready

완성 사이즈 90cm×37cm(가로×세로)
원단 A 면(흐린 카키)　몸판 94cm×36cm
　　　B 면(꽃무늬)　허릿단 92cm×10cm
　　　　　　　　　　허리끈 85cm×6cm 2장

완성 그림

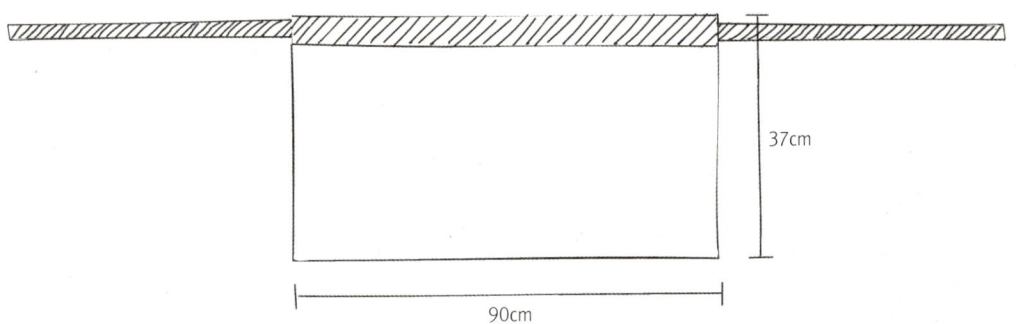

재단 도안

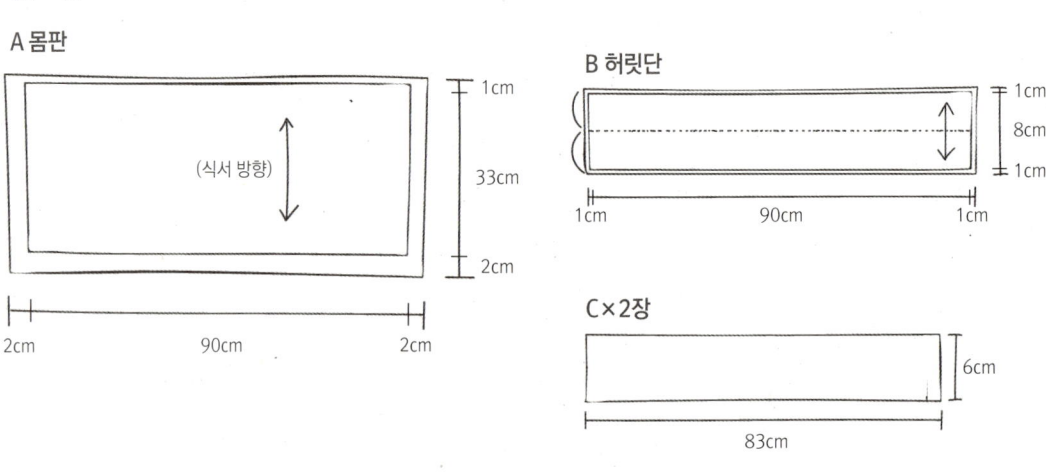

A 몸판 (1cm, 33cm, 2cm / 2cm, 90cm, 2cm, 식서 방향)

B 허릿단 (1cm, 8cm, 1cm / 1cm, 90cm, 1cm)

C×2장 (6cm, 83cm)

How to Make

끈 만들기
'끈 만드는 법(109쪽)'을 참조하여 원단 B로 막힌 끈을 만든다.

몸판 만들기

1

위쪽을 제외한 옆단과 아랫단은 1cm씩 두 번 접은 후, 박음질한다.

허릿단 만들기

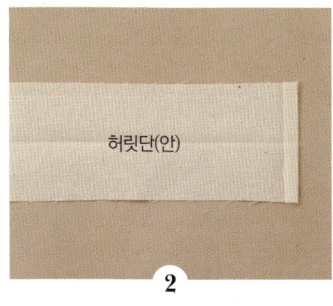

2

허릿단의 양쪽 끝을 1cm씩 접는다.

3

긴 쪽을 반으로 접는다.

허릿단과 몸판 잇기

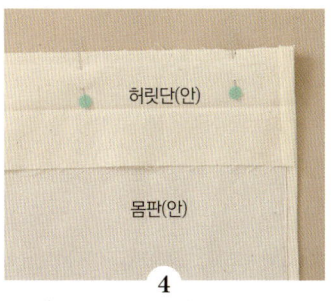

4

허릿단을 편 상태로 몸판 안쪽과 허릿단 겉면이 마주 보도록 포개어 놓는다.

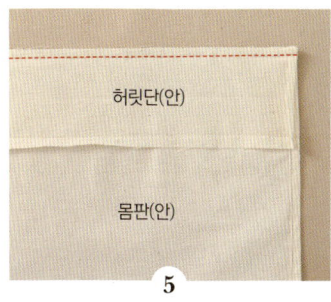

5

완성선을 따라 박음질한다.

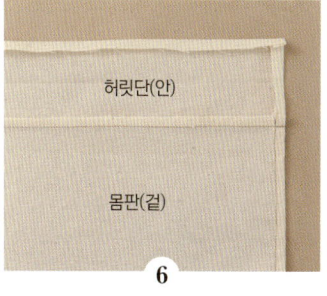

6

허릿단을 몸판의 위로 꺾은 후 원단을 뒤집는다. 허릿단 상단 시접 1cm를 접어 둔다.

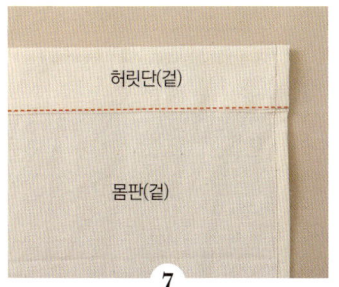

7

허릿단을 반으로 접은 후, 완성선에 맞춰 박음질한다.

끈 잇기

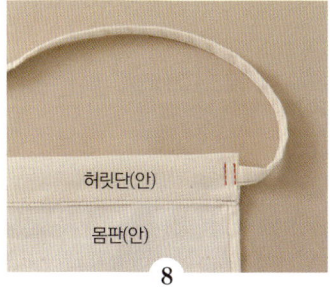

8

미리 만들어 둔 끈을 허릿단 양옆에 끼운 후, 두 줄로 박음질한다.

08 그레이 롱 허리 앞치마 p.32

Ready

완성 사이즈 100cm×58cm(가로×세로)
원단 A 리넨(그레이)　몸판 104cm×68cm
　　　　　　　　　　주머니 19cm×26cm 2장
　　　B 리넨(보라색)　끈 1 85cm×6cm, 끈 2 75cm×6cm
　　　C 리넨 또는 면(패턴)　끈 2 12cm×6cm

완성 그림

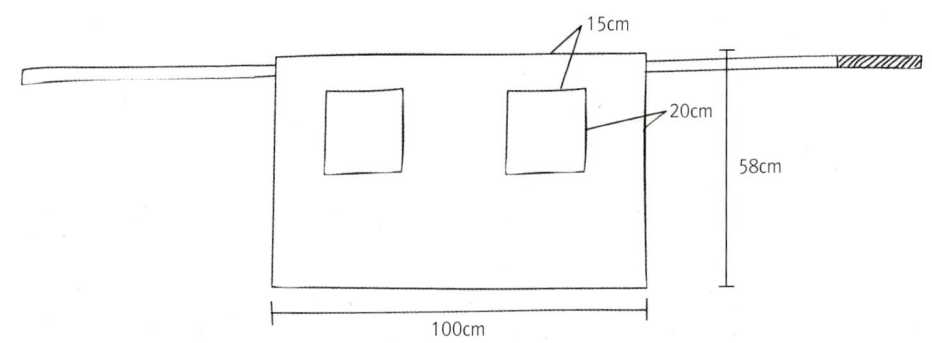

재단 도안

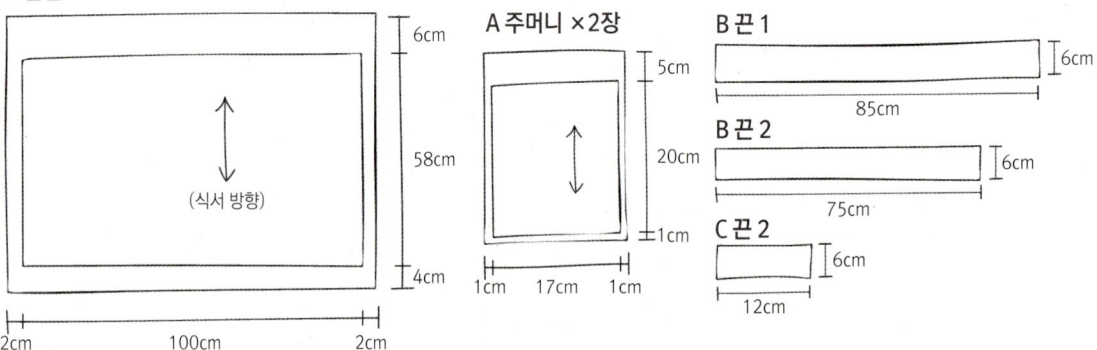

How to Make

끈 만들기
'끈 만드는 법(109쪽)'을 참조하여 막힌 끈을 만든다.
원단 B(85cm×6cm)로 끈 1개, 원단 B'(75cm×6cm)와 C(12cm×6cm)로 끈 1개를 만든다.

몸판 만들기

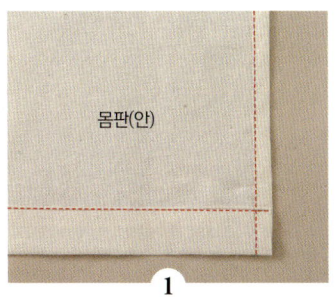

1

몸판 원단 양 옆단은 1cm씩 두 번, 아랫단은 1cm, 3cm 두 번 접어 박음질한다.

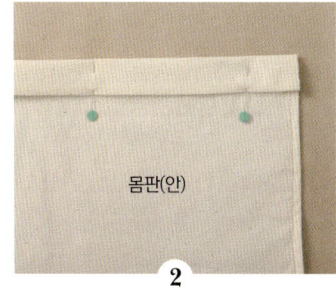

2

윗단은 1cm, 5cm 두 번 접은 후, 시침핀으로 고정한다.

3

윗단의 시접을 눌러 박음질한다.

끈 달기

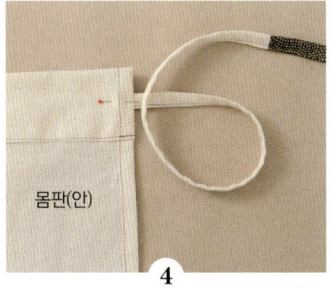

4

앞에서 만들어 놓은 끈 2개를 몸판 윗단 양옆에 2cm씩 들여 끼운 후, 시침핀으로 고정한다.

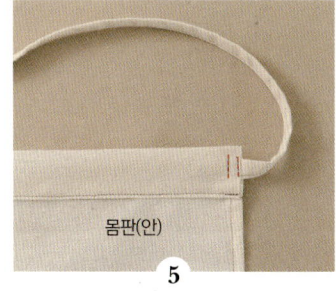

5

1cm 간격으로 두 줄 박음질한다.

주머니 만들기

6

주머니 원단 양옆과 아래쪽 시접을 1cm씩 접는다.

7

위쪽(주머니 입구가 되는)을 2.5cm씩 두 번 접어 박음질한다.

주머니 달기

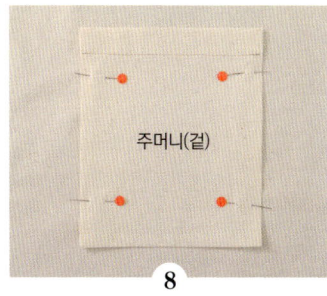

8

주머니를 위치에 놓은 후, 시침핀으로 고정한다.

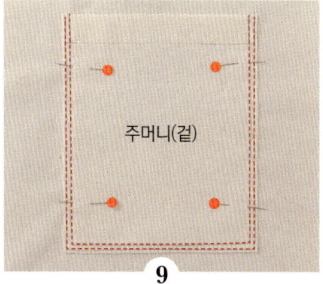

9

입구를 제외한 세 면을 두 줄로 박음질한다.

09 핀턱 허리 앞치마 p.34

Ready

완성 사이즈 96×45cm(가로×세로)
원단 A 리넨(흐린 민트색)   몸판 100cm×52cm
     B 리넨(브라운)   끈 75cm×6cm 2장
     C 리넨 또는 면(패턴)   끈 15cm×6cm 2장

완성 그림

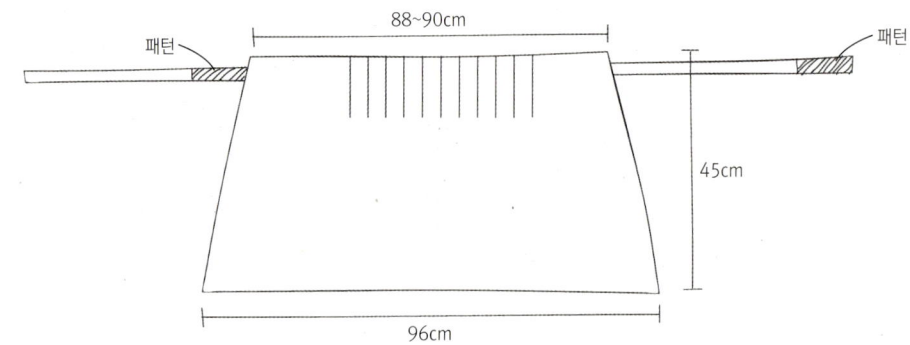

재단 도안

A 몸판

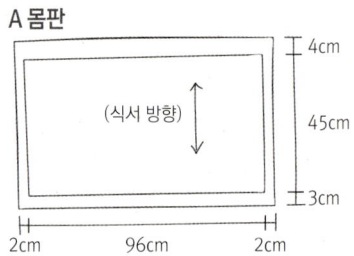

B 끈×2장

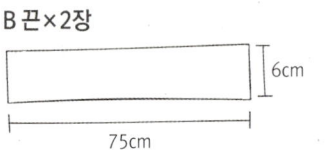

C 끈×2장

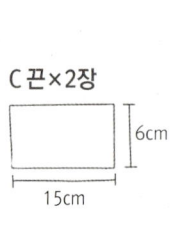

핀턱 잡기

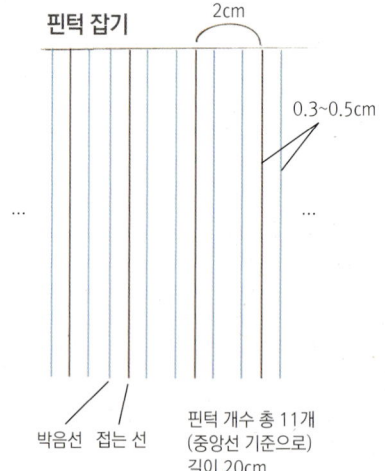

박음선 접는 선

핀턱 개수 총 11개
(중앙선 기준으로)
길이 20cm

How to Make

끈 만들기

'끈 만드는 법(109쪽)'을 참조하여 막힌 끈을 만든다.
원단 B와(75cm×6cm)와 원단 C(15cm×6cm)를 합쳐서 끈 2개를 만든다.

핀턱 만들기

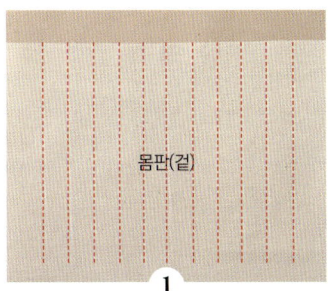
1

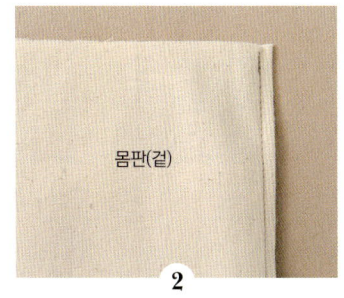
2

3

몸판 원단의 핀턱 넣을 위치에 선을 긋는다(2cm 간격, 20cm 길이로 11개).

한 줄씩 접어서 0.3~0.5cm 들여 박음질한다.

한 번 더 진행한 모습.

몸판 만들기

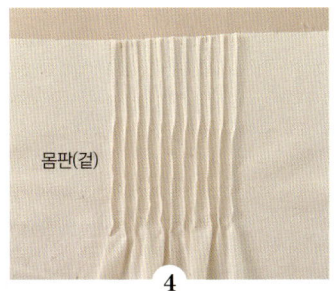
4

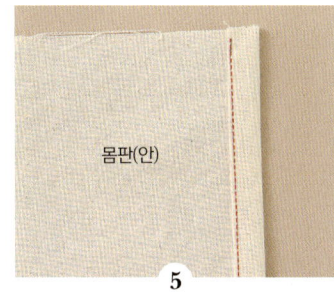
5

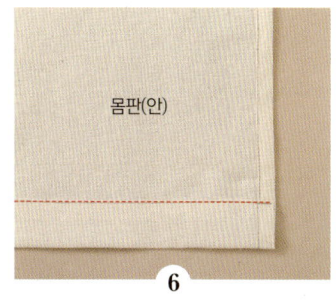
6

위에서 1/3 정도까지 핀턱을 한쪽 방향으로 눕혀서 다린다.

옆단 시접을 1cm씩 두 번 접어 박음질한다.

아랫단 시접은 1cm, 2cm 두 번 접은 후, 박음질한다.

끈 달기

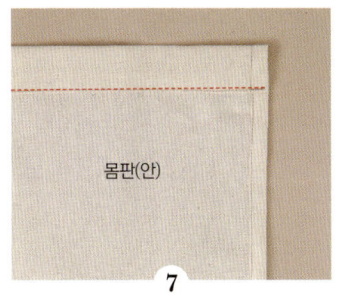
7

8

윗단 시접을 1cm, 3cm 두 번 접은 후, 박음질한다.

앞에서 만들어둔 끈을 몸판 윗단 양 옆에 2cm씩 들여 끼운 후, 두 줄로 박음질한다. 이때, 한쪽은 브라운 리넨을 한쪽은 패턴 원단을 끼운다.

10 앞트임 원피스 앞치마 p.36

Ready

완성 사이즈 96cm×85cm(폭×길이)
원단 리넨(커리 브라운) 150cm 폭 1마
부자재 재봉실(빨간색)
실물크기패턴 A면

완성 그림

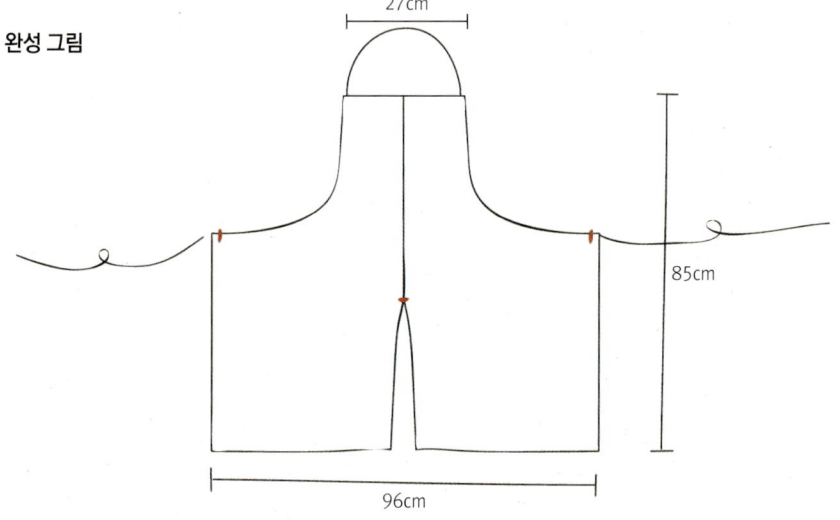

재단배치도

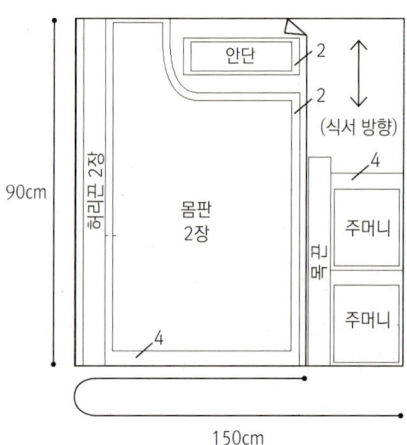

※표시 외 시접은 1cm

How to Make

끈 만들기
'끈 만드는 법(109쪽)'을 참조하여 허리끈(막힌 끈) 2개, 목 끈(트인 끈) 1개를 만든다.

몸판 트임 만들기

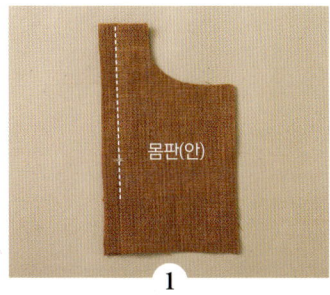
1
몸판 2장을 겉면이 마주 보도록 포개어 놓고, 완성선을 따라 트임 전까지 박음질한다.

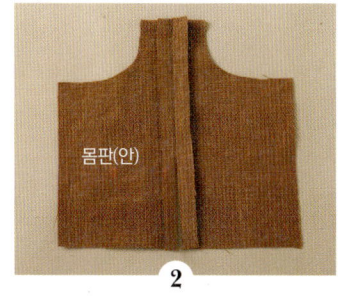
2
원단을 펼치고 시접을 양쪽으로 가른다.

3
시접을 1cm씩 두 번 접어 박음질한다.

진동 박기

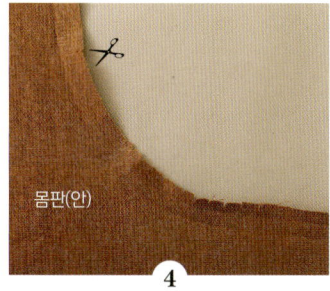
4
진동의 시접이 잘 접어지도록 가위집을 낸다.

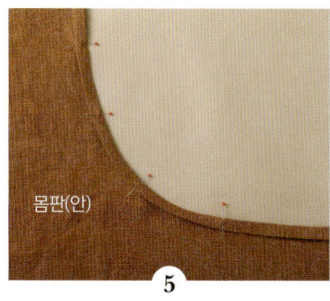
5
시접을 1cm씩 두 번 접은 후, 시침핀으로 고정한다.

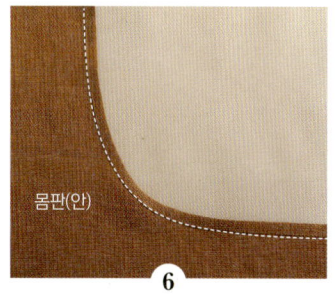
6
진동 시접을 눌러 박음질한다. 다른 한쪽도 마저 해준다.

목 끈 달기

7
몸판 겉면의 상단 양쪽 끝에 목 끈을 시침핀으로 고정한다.

8
그 위에 안단과 몸판의 겉면이 마주 보도록 포개어 놓는다.

TIP 안단의 시접은 미리 접어서 다려놓으면 작업이 수월해요.

9
완성선을 따라 박음질한다.

옆단 박고 허리끈 달기

원단을 위로 꺾어 다린다.

안단을 접어 내린 후, 사방의 시접을 눌러 박음질한다.

옆단 시접을 1cm씩 두 번 접어 다린다. 이때, 시접 사이에 허리끈을 끼워 시침핀으로 고정한다.

밑단 박기

상침하기

고정한 허리끈과 같이 옆단의 시접을 눌러 박음질한다.

밑단 시접을 1cm, 3cm씩 두 번 접어 박음질한다.

원단을 뒤집고 허리끈을 바깥쪽으로 보낸 후, 빨간색 실로 두세 번 되박음질한다.

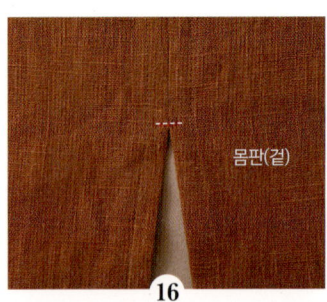

앞트임 시작 부분이 터지지 않도록 빨간색 실로 두세 번 되박음질한다.

TIP 주머니를 만들고 싶다면 실물크기패턴에 표시된 크기와 위치를 참조하여 달아주세요.

11 컬러 블록 원피스 앞치마 p.38

Ready

완성 사이즈 96cm×86cm(폭×길이)
원단 A 리넨(흐린 하늘색) 140cm 폭 0.6마
B 리넨(짙은 하늘색) 140cm 폭 0.7마
부자재 고리용 테이프(짙은 남색) 1.5cm×10cm
실물크기패턴 A·B면

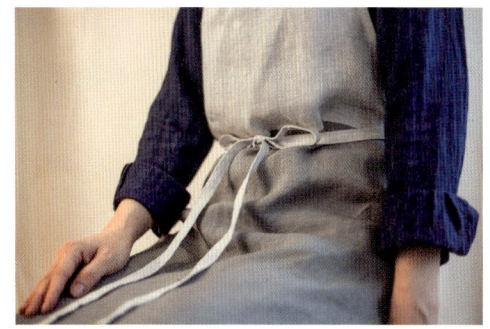

완성 그림

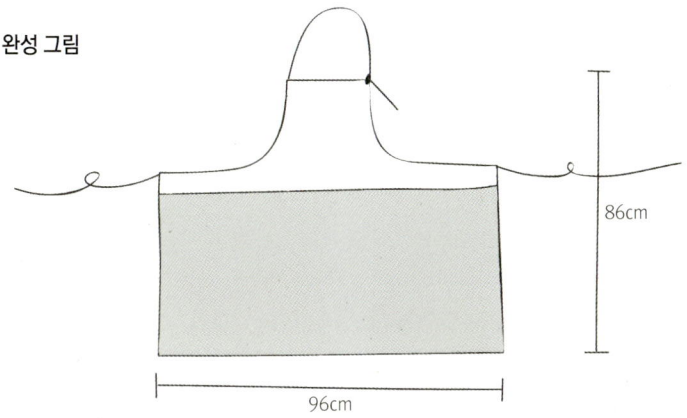

재단배치도

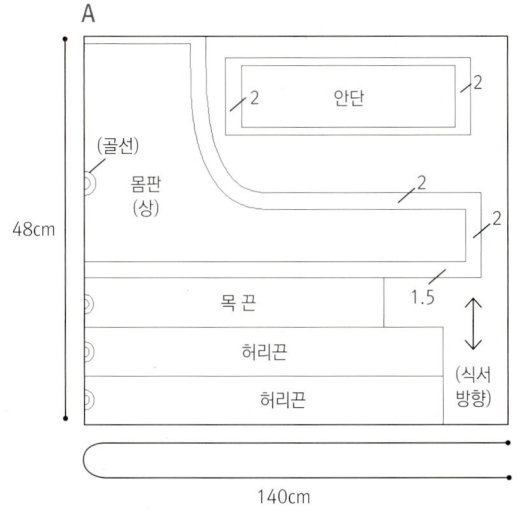

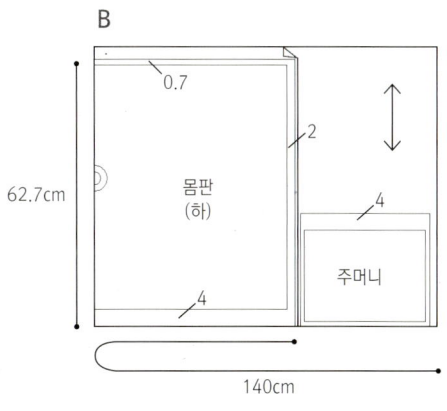

※표시 외 시접은 1cm

How to Make

목 끈, 허리끈, 고리 만들기
'끈 만드는 법(109쪽)'을 참조하여 목 끈(트인 끈) 1개, 허리끈(막힌 끈) 2개를 만든다.

몸판의 상단과 하단 잇기 – 쌈솔로 잇기

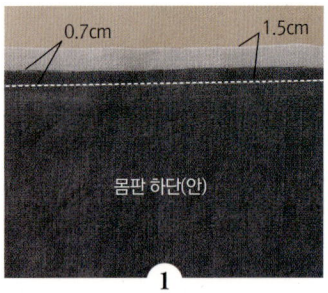

1

2

3

몸판 상단 원단과 몸판 하단 원단을 겉면이 마주 보도록 포개어 놓고, 완성선을 따라 박음질한다.

몸판 하단을 위로 꺾어 놓은 후, 다린다.

원단을 뒤집고, 넓은 시접(몸판 상단)으로 좁은 시접(몸판 하단)을 감싼다.

4

진동 박기

5

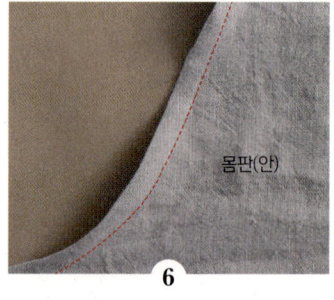

6

시접을 눌러 박는다.

몸판 상단이 위로 가도록 돌린 후, 진동을 1cm씩 두 번 접어 다린다.
TIP 가위집을 내면 잘 둥글려진다.

진동을 박음질한다.
TIP '앞트임 원피스 앞치마(133쪽)' 진동박기 과정 4~6 참조.

※이후 과정은 '앞트임 원피스 앞치마(133쪽)'의 과정 8~15까지 동일하다.

목 끈 달기

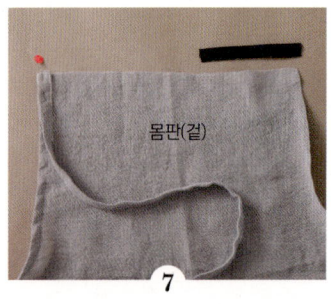

7

8

몸판 겉면의 상단 한쪽 끝에 목 끈을 시침핀으로 고정한다.

다른 한쪽에 고리를 반 접어 시침핀으로 고정한다.
TIP 주머니를 만들고 싶다면 실물크기패턴에 표시된 크기와 위치를 참조하여 달아주세요.

만드는 순서
- 안단 박기
- 옆단 박고, 허리끈 달기
- 밑단 박기
- 허리끈 상침하기

12 사각 스카프 p.44

Ready

완성 사이즈 178cm×69cm(가로×세로)
원단 얇은 리넨(짙은 파랑) 140cm 반폭 2마

재단 도안

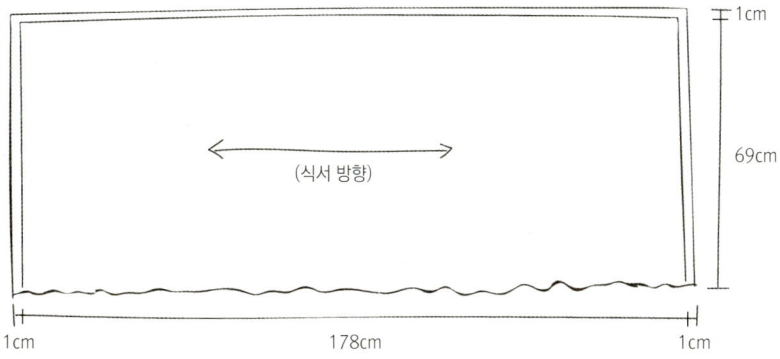

How to Make

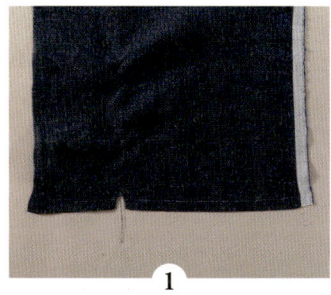

1
원단이 얇아서 재단하기 힘든 경우, 올 튕기는 방법(110쪽 참조)을 이용하면 곧게 자를 수 있다.

2
셀비지 부분을 제외한 나머지 면은 시접을 두고 완성선을 그린다.

TIP 셀비지가 예쁘지 않다면 사방 모두 시접을 두고 박음질하면 됩니다.

3
시접을 0.5cm씩 두 번 접어 다린 후, 시접을 눌러 박음질한다.

TIP 스카프를 사용하면서 셀비지 부분의 올이 자연스럽게 풀리는 것을 즐겨도 되지만, 올 풀림이 싫다면 끝선에서 0.2~0.3cm 정도 들어와 한 번 박음질해주세요.

13 트라이앵글 스카프 p.48

Ready

완성 사이즈 약 135cm(제일 긴 쪽 기준)
원단 얇은 울·리넨 혼방(흐린 하늘색) 116cm×75cm
　　　(겉과 안 구분 없는 원단 선택)
부자재 태슬 2개(직접 만들 경우 십자수 실 약간)

재단 도안

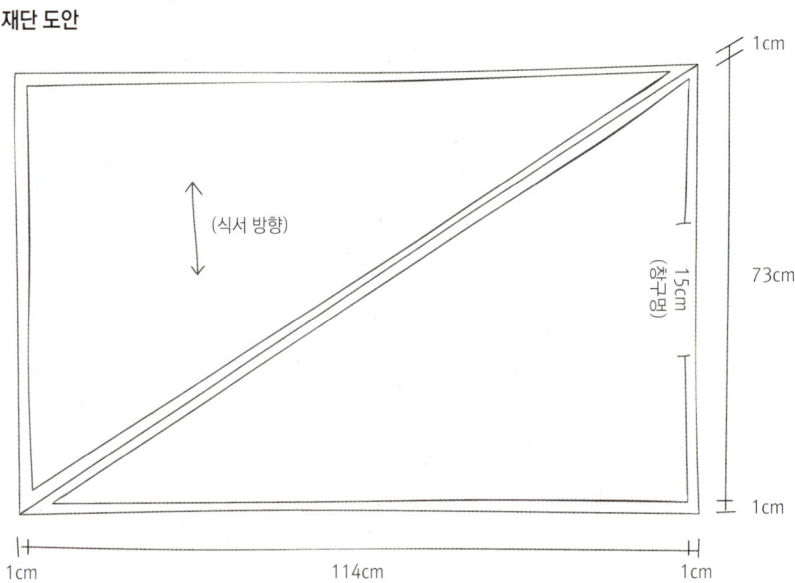

(식서 방향)

1cm
15cm (창구멍)
73cm
1cm
1cm 114cm 1cm

How to Make

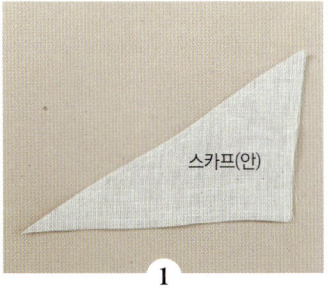
1
사방에 시접을 두고 완성선을 그린다. 이때, 창구멍(15cm 정도)을 식서 방향과 나란하게 표시한다.

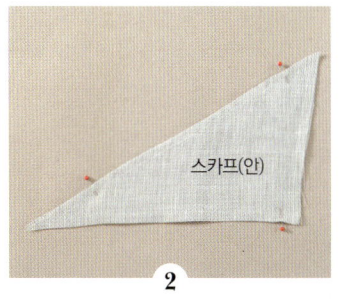
2
겉면이 마주 보도록 포개어 놓고, 시침핀으로 고정한다.

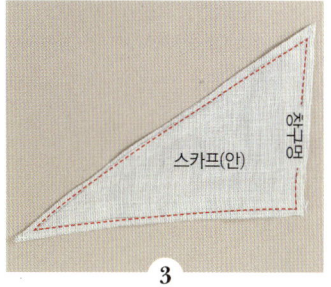
3
창구멍을 제외한 나머지 부분을 박음질한다.

4
꼭짓점 시접을 살짝 자른다.

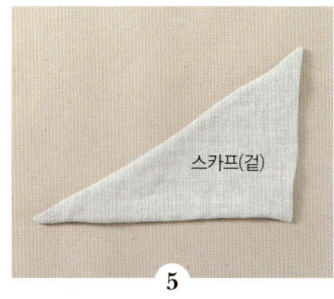
5
창구멍으로 원단을 뒤집는다.

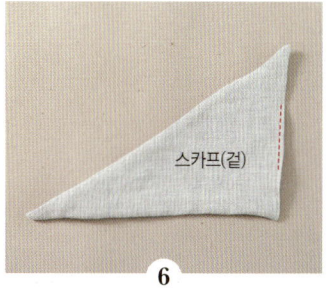
6
창구멍을 겉에서 0.1~0.2cm 안쪽으로 박음질한다.

태슬 만들기

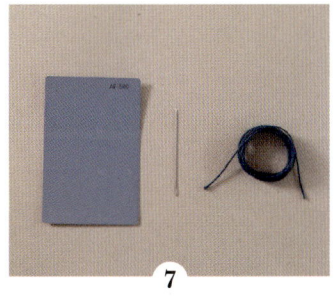
7
십자수 실과 원하는 길이에 맞는 두꺼운 종이, 바늘을 준비한다.

8
원하는 부피만큼 종이에 실을 감는다.

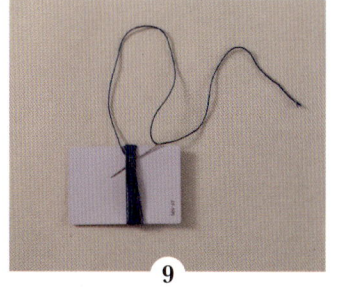
9
실을 바늘에 꿰고, 윗부분을 두세 번 통과시켜 묶는다.

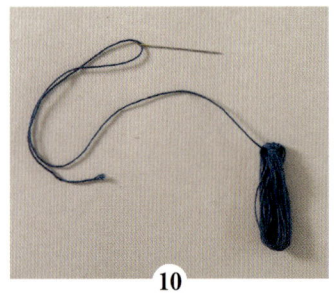

10

실뭉치를 종이에서 빼낸다.

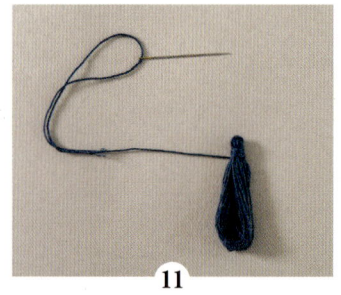

11

윗부분(정수리)에서 0.5cm 정도 내려온 부분을 서너 번 감는다.

12

바늘을 가운데로 통과시켜 정수리 부분으로 빼낸다. 이때, 실을 넉넉하게 빼두어야 스카프에 고정할 때 편하다.

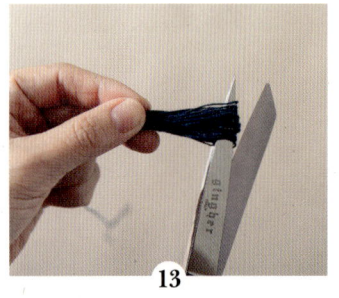

13

사진처럼 윗부분을 손으로 잡고 가위를 실 중간에 끼워 넣어 자른다.

14

태슬 끝부분을 가지런히 정리한다.

15

태슬을 스카프에 단다.

16

트라이앵글 스카프 완성.

14 통 원피스 p.52

Ready

완성 사이즈 S·M, L·XL
원단 워싱 데님 150cm 폭 2.6마
부자재 재봉실(빨간색)
실물크기패턴 A·B면

완성 그림

재단배치도

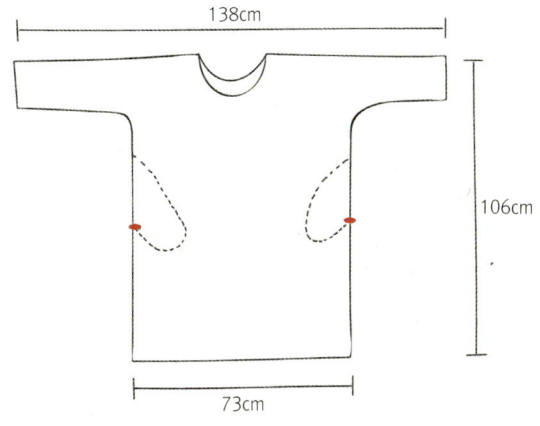

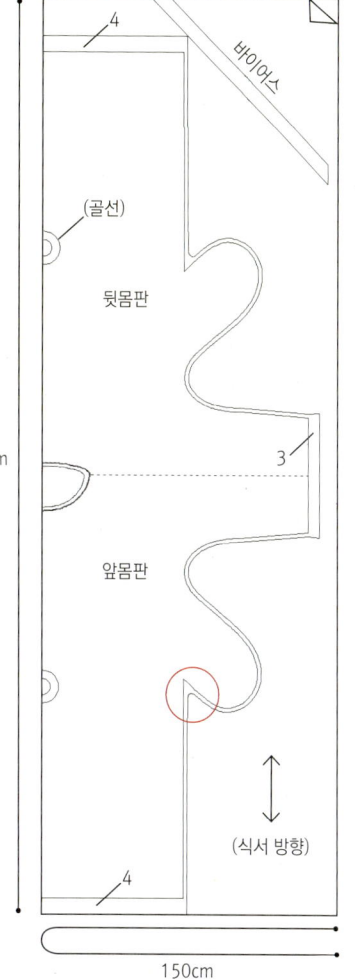

TIP 주머니 하단 재단 시 주의하세요. 그래야 다음 단계에서 오버록으로 시접 처리할 때 편해요.

※ 표시 외 시접은 1cm
※ 제시된 완성 그림과 재단배치도는 L·XL 사이즈 기준

How to Make

1

원단을 두 번 접은 후 소매와 옆선 부분을 재단하고, 다시 펼쳐서 목둘레를 재단한다.

2

소매와 몸판 옆선을 박음질 후 오버로크(지그재그)한다.

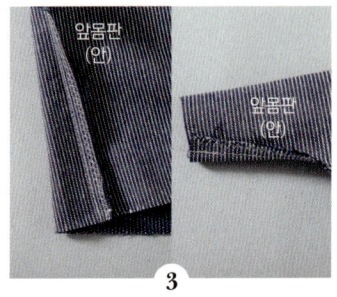

3

주머니 부분을 제외한 시접을 몸판의 앞쪽으로 넘겨 다린다.

목둘레 인바이어스 처리하기

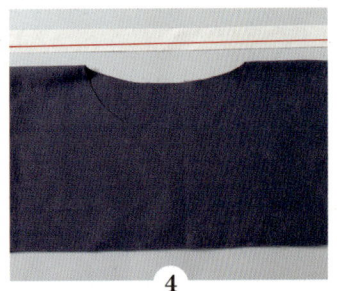

4

바이어스의 1/3 부분을 안쪽에서 헤라로 눌러 박음선을 표시한다.

TIP 인바이어스 108쪽 참조

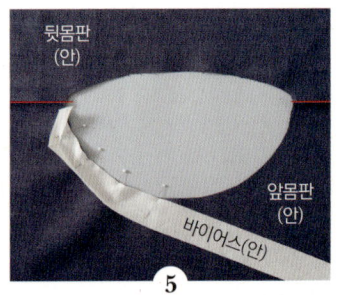

5

원피스 앞판과 바이어스 원단의 겉면이 마주 보도록 놓고, 시침핀으로 고정한다. 이때, 시작부분은 1cm 접는다.

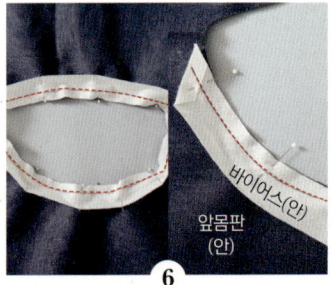

6

바이어스 원단을 목둘레선을 따라 박음질하고 끝부분은 시작점 위로 1cm 겹쳐 박음질한다.

TIP 곡선이 심한 부분에서는 바이어스 원단을 살짝 잡아당기는 기분으로 하세요.

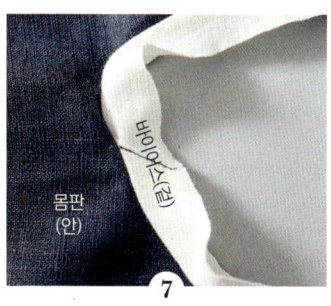
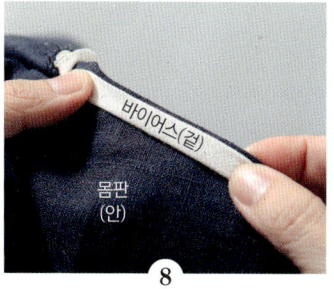
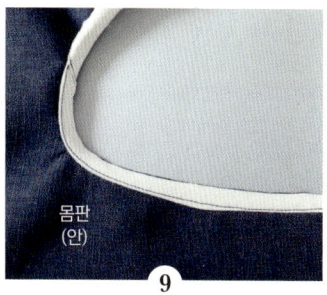

7 시접을 겹쳐 놓은 부분이 벌어지지 않도록 박음질한 후, 1cm만 남기고 자른다.

8 바이어스 원단을 안쪽으로 넘겨 시접을 접는다. 이때, 겉감 완성선보다 1mm 안쪽으로 들어오게 접는다. 그러면 겉에서 볼 때 바이어스 원단이 보이지 않는다.

9 완성선을 따라 박음질한다.

TIP 바이어스를 접기 전에 (7번 단계 후) 곡선이 심한 부분에 가위집을 미리 넣어두면 박을 때 원단이 울지 않아요.

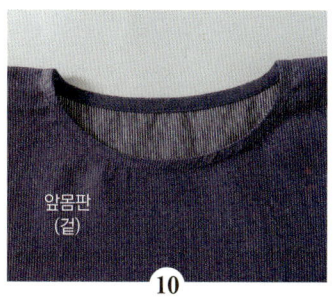

10 목둘레 완성.
※원피스 겉면에서는 바이어스가 보이지 않습니다. 이해를 돕기 위해 앞 단계까지는 흰색 바이어스로 작업을 했고, 실제로는 원단과 같은 색을 사용했습니다.

11 소맷부리를 1cm, 2cm 두 번 접어 박음질한다.

12 밑단을 1cm, 3cm 두 번 접어 박음질한다.

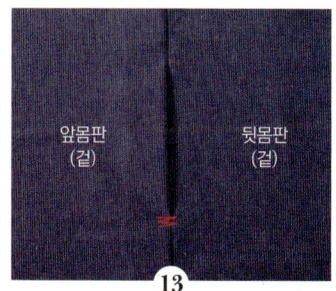

13 주머니 입구 아래쪽을 빨간색 실로 두세 번 되박음질한다.

15 튜닉 블라우스 p.56

Ready

완성 사이즈 144cm×87cm(가슴둘레×길이)
원단 60수 도비면(베이지) 80cm×180cm

완성 그림

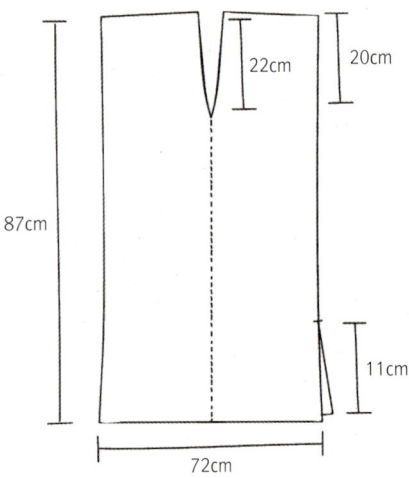

재단 도안

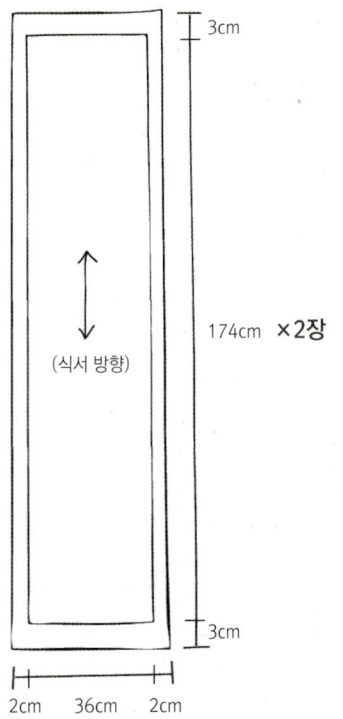

How to Make

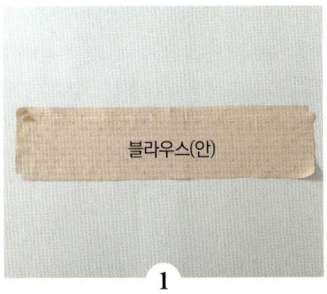

1

블라우스 원단 2장을 겉면이 마주 보도록 포개어 놓는다.

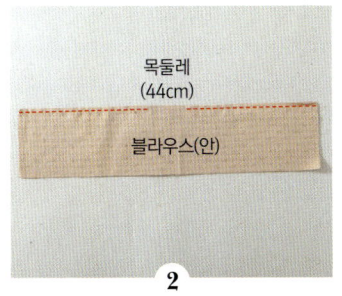

2

중심을 기준으로 44cm 제외한(목둘레) 나머지를 박음질한다.

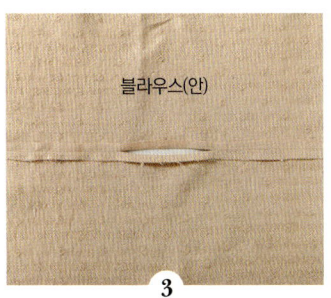

3

원단을 펼친 후, 시접을 갈라 다린다.

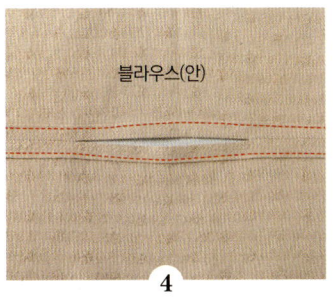

4

양쪽 시접을 1cm씩 두 번 접은 후 박음질한다.

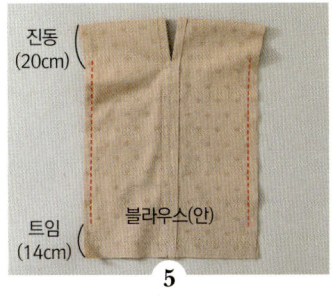

5

겉면이 마주 보도록 반으로 접는다. 상단 진동(20cm)과 하단 트임(14cm)을 빼고 양 옆선을 박음질한다.

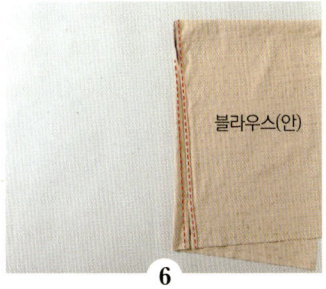

6

옆선의 시접을 가른 후 앞 밑단부터 뒷 밑단까지 시접을 1cm씩 두 번 접어 박음질한다.

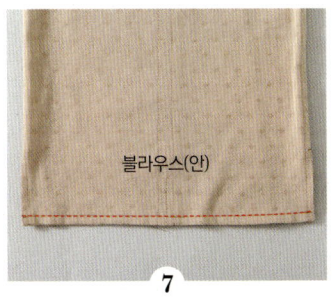

7

밑단의 시접을 1cm, 2cm 두 번 접어 박음질한다.

8

목둘레 시작과 트임 부분은 두세 번 되박음질한다.

16 주름 스커트 p.60

Ready

완성 사이즈 Free
원단 워싱 리넨(그레이) 130cm 폭 2마
부자재 4cm 폭 고무줄(허리 사이즈×½)-3cm

완성 그림

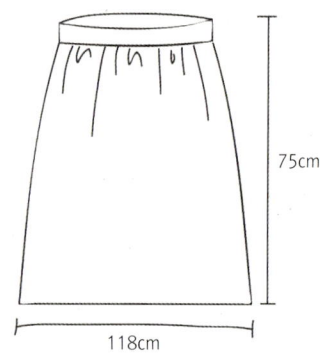

재단 도안

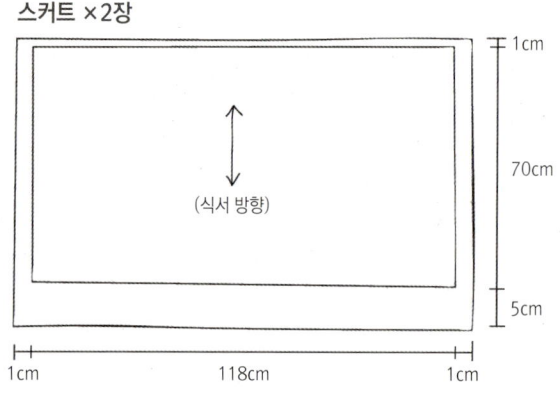

스커트 ×2장
(식서 방향)
70cm / 5cm / 1cm
1cm — 118cm — 1cm

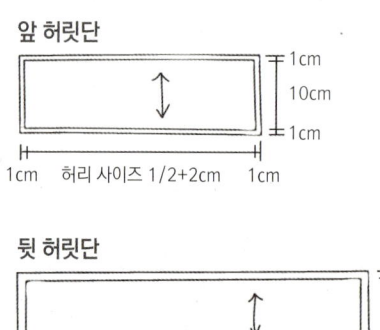

앞 허릿단
1cm / 10cm / 1cm
1cm — 허리 사이즈 1/2+2cm — 1cm

뒷 허릿단
1cm / 10cm / 1cm
1cm — 118cm — 1cm

How to Make

1
스커트 앞판에 주름을 잡기 위해 완성선의 위아래 두 줄을 넓은 땀으로 홈질한다.

2
양쪽의 실을 당겨 앞 허리밴드의 길이에 맞게 주름을 조절한다.

3
겉면에서 시접부분의 주름을 예쁘게 살리며 다린다.

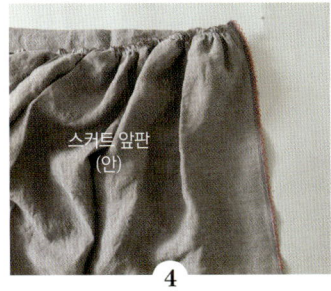
4
스커트 앞판과 뒤판의 겉면이 마주보도록 포개어 놓는다. 옆선을 박음질한 후, 시접을 오버로크(지그재그)한다.

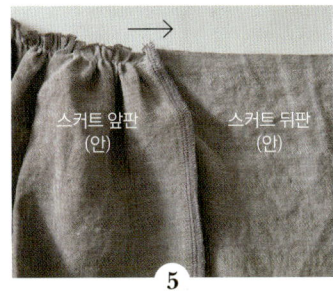
5
스커트 옆면을 편 후, 시접을 뒤쪽으로 꺾어 눕힌다.

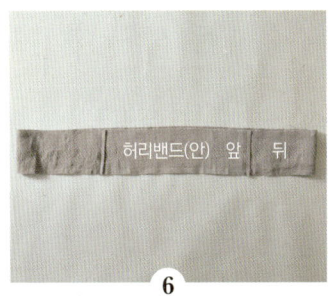
6
허리밴드 앞뒤의 옆선을 이은 후, 시접은 가른다.

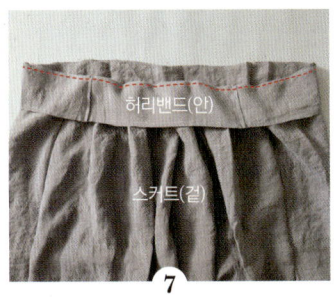
7
스커트와 허리밴드의 겉면이 마주 보도록 포개어 놓고 옆선을 맞춰 시침핀으로 고정한 후, 완성선을 따라 박음질한다.

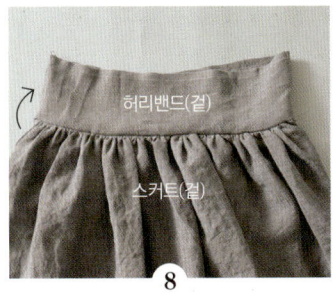
8
허리밴드를 위로 꺾는다.

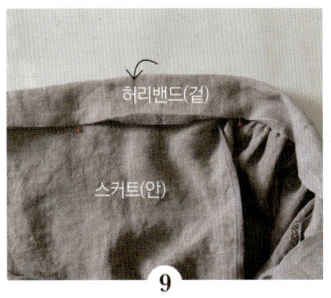
9
스커트 안쪽에서 허리밴드를 반으로 접은 후, 시침핀으로 고정한다.

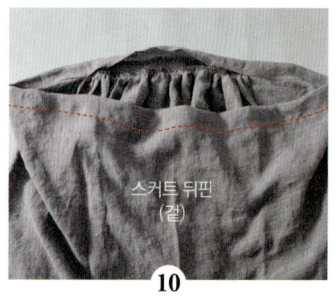

10

뒤판 허리밴드 쪽을 완성선을 따라 시접을 눌러 박음질한다.

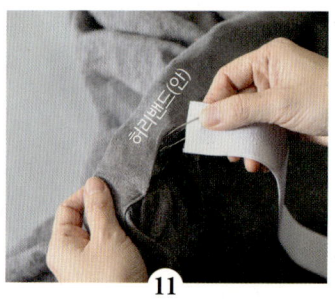

11

앞판 허리밴드 쪽으로 고무줄을 넣는다. 이때, 고무줄에 옷핀을 꽂아서 하면 쉽게 넣을 수 있다.

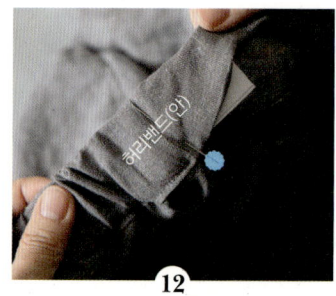

12

고무줄이 딸려 들어가지 않도록 끝부분을 살짝 남기고 시침핀으로 고정해 놓는다.

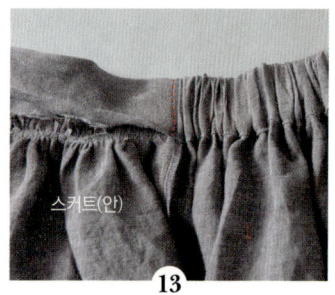

13

고무줄 양 끝을 허리밴드의 옆선에 맞춰 박음질하여 고정한다.

14

앞판 허리밴드를 완성선을 따라 박음질한다.

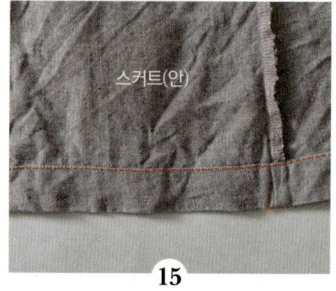

15

아랫단을 1cm, 4cm 두 번 접어 박음질한다.

17 랩 스커트 p.64

Ready

완성 사이즈 S(44~55)·M(66~77)·L(88), 길이 72cm 공통
원단 리넨(코랄색) 150cm 폭 1.5마
실물크기패턴 A·B면

완성 그림

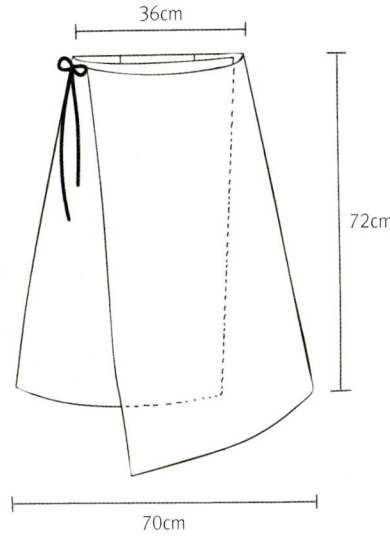

재단배치도

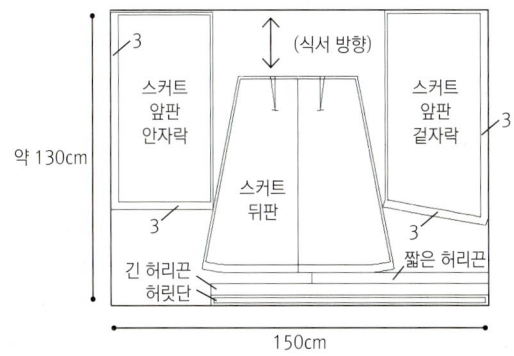

※표시 외 시접은 1cm
※완성 그림과 재단배치도는 M 사이즈 기준

How to Make

끈 만들기

'끈 만드는 법(109쪽)'을 참조하여 막힌 끈을 만든다.

스커트 뒤판에 다트 넣기

1

다트의 중심선을 접어 넓은 쪽에서 좁은 쪽으로 박는다.

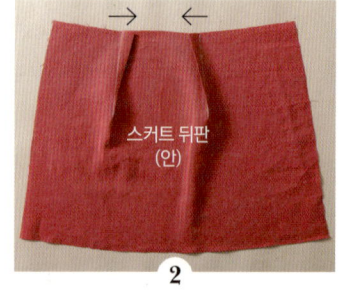

2

다트는 중앙 쪽으로 넘겨 다린다.

옆선 박기

3

스커트 앞판 2장과 뒤판의 겉면이 맞닿게 포개어 놓고, 시침핀으로 고정한다.

4

양 옆선을 박음질한 후 시접을 오바로크(지그재그)한다.

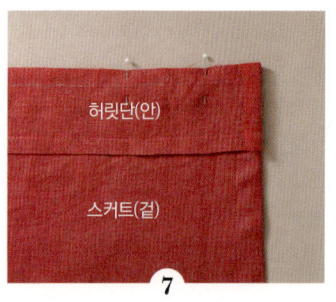

5

원단을 편 후, 시접을 중앙쪽으로 넘겨서 다린다.

스커트 옆단과 밑단 박기

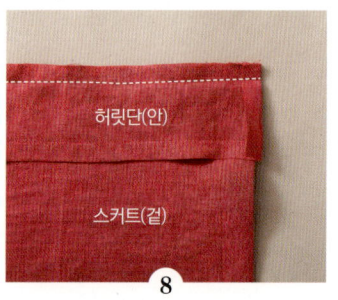

6

옆단과 밑단을 1cm, 2cm씩 두 번 접어 다린 후, 시접을 눌러 박음질한다.

허릿단 달기

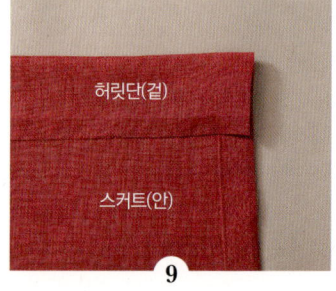

7

스커트 겉면과 허릿단 겉면이 마주 보도록 포개어 놓고, 시침핀으로 고정한다. 이때, 허릿단 양 끝 시접은 접는다.

8

상단의 완성선을 따라 박음질한다.

9

허릿단을 스커트 안쪽으로 꺾어 접은 후, 다린다.

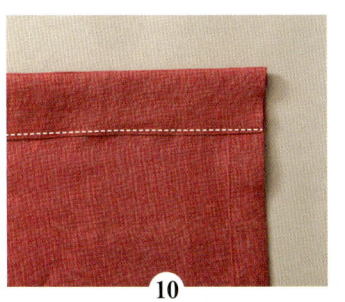

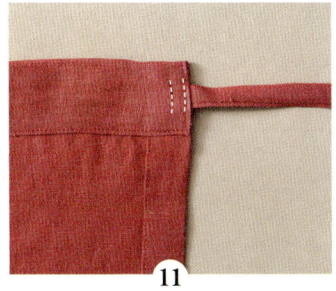

끈 달기

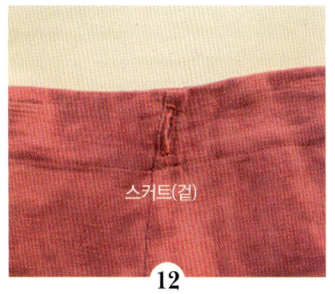

끈 구멍 만들기

10 시접을 1cm 접어 박음질한다.

11 허릿단 옆에 끈을 끼워 고정한 후, 두 줄로 박음질한다.

TIP 짧은 끈은 스커트 앞판의 겉자락에, 긴 끈은 스커트 앞판의 안자락으로 위치를 혼동하지 않는다.

12 스커트 뒤판과 스커트 앞판의 겉자락이 만나는 옆선 허릿단에 단춧구멍 노루발을 이용해 끈 구멍을 만든다.

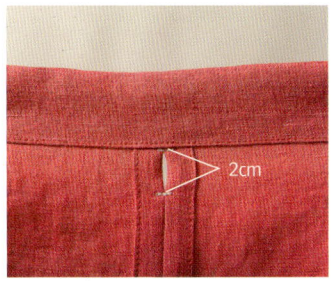

[단춧구멍 만들기]

13 앞판 안자락에 달아준 긴 끈을 과정 12의 단춧구멍으로 뺀 후, 앞판 겉자락까지 한 바퀴 감아서 짧은 끈과 함께 고리를 만들어 묶는다.

재봉틀로 단춧구멍 만들기가 익숙지 않다면 과정 3~6 대신, 이렇게 해보세요.

1 옆선의 시접을 2cm로 둔다.
2 좌우 옆선을 완성선을 따라 박음질한다. 이때 스커트 뒤판과 스커트 앞판의 겉자락이 만나는 옆선의 끈 구멍이 될 부분은 제외한다. (위에서부터 4~6cm)
3 시접을 가른 후, 1cm씩 접어 박음질한다.
4 11번 과정 후, 구멍의 위아래를 두세 번 되박음질한다.

18 넓은 끈 크로스 가방 p.66

Ready

완성 사이즈 46cm×42cm(가로×세로), 끈 10cm×98cm
원단 A 데님(회색)   겉감 48cm×86cm
   B 30수 면(회색)   주머니 27cm×30cm
   C 30수 면(패턴)   끈 100cm×22cm

완성 그림

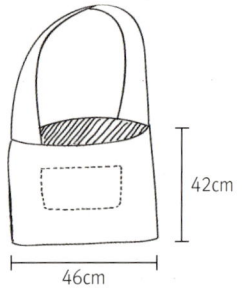

재단 도안

A 겉감, B 안감

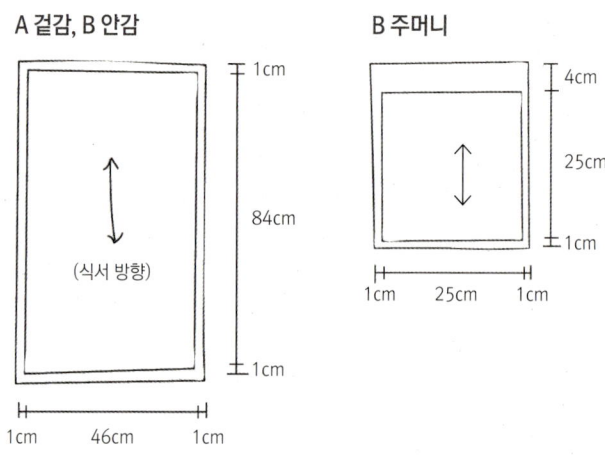

※A 겉감과 B 안감의 재단 도안은 같습니다.

C 끈

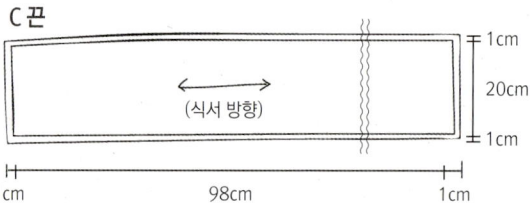

How to Make

끈 만들기

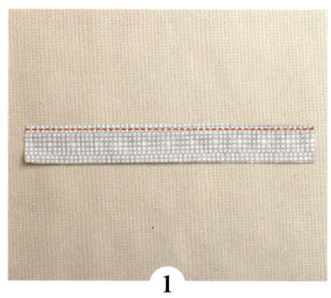
1
끈 원단을 길게 반으로 접은 후, 상단에서 1cm 들여 박음질한다.

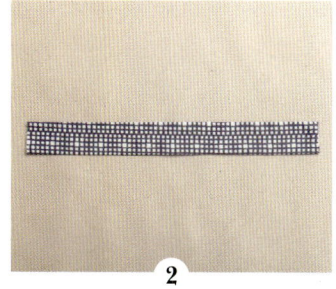
2
뒤집은 후 다린다.

주머니 만들어 달기

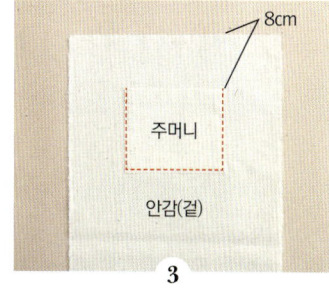
3
주머니를 만들고, 안감 원단의 겉면에 달아준다.
※주머니는 '그레이 롱 허리 앞치마(128쪽)'를 참조하여 원단 B로 만든다.

안감 만들기

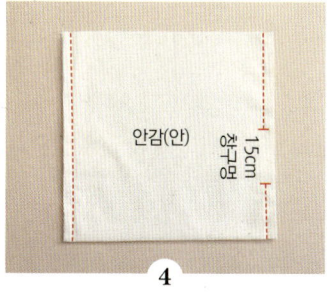
4
안감을 반으로 접어 창구멍을 제외하고 옆선을 박음질한다.

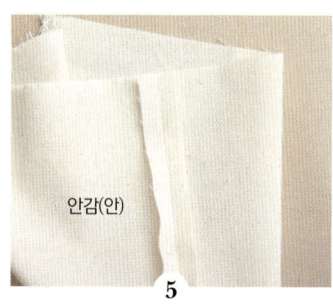
5
시접을 가른다.

몸판 만들기

6
겉감 원단을 반으로 접은 후, 옆선을 박음질한다.

7
시접을 가른다.

8
겉면이 보이도록 뒤집는다.

9
끈을 시침핀으로 몸판의 겉면에 고정한다.

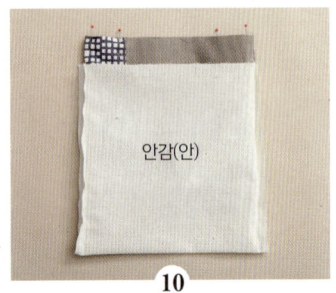
10
겉감을 안감에 넣는다.

11
입구를 완성선을 따라 한 바퀴 돌려 박음질한다.

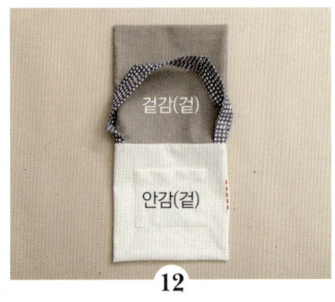
12
안감의 창구멍으로 뒤집은 후, 창구멍을 막아준다.

13
안감을 겉감에 넣고, 입구에서 1~2mm 안쪽으로 박음질한다.

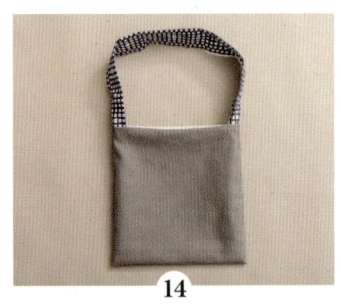
14
가방 완성.

TIP 끈 한쪽은 겉감 앞쪽에 끈의 다른 한쪽은 겉감의 뒤쪽에 고정하는 디자인입니다. 어느 쪽 어깨에 크로스해서 메는 것이 편한지 미리 확인 후 위치를 결정하세요.

19 라미네이팅 가방 p.70

Ready

완성 사이즈 31cm×14cm×38cm(가로×세로×높이),
끈 6cm×56cm

원단 A 라미네이팅　　몸판 47cm×100cm
　　B 리넨(빨간색)　　끈 56cm×14cm 2장
　　C 리넨 또는 면(패턴)　끈 22cm×14cm 2장
부자재 재봉실(빨간색)

완성 그림

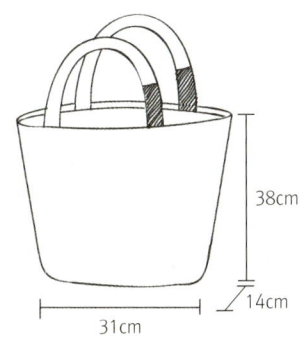

재단 도안

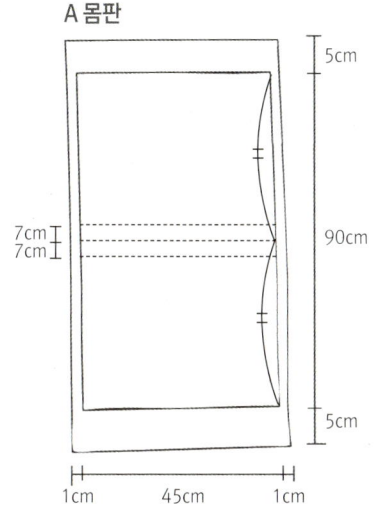

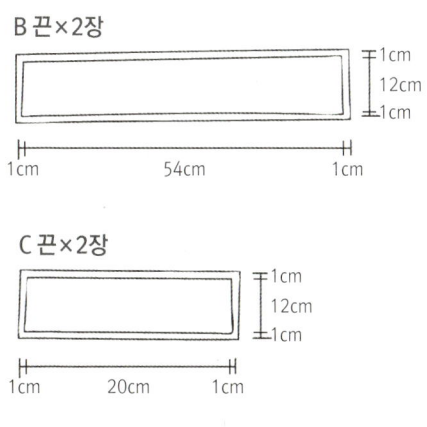

How to Make

끈 만들기

1

끈 원단 B와 끈 원단 C의 겉면이 마주 보도록 포개어 놓고, 박음질한다.

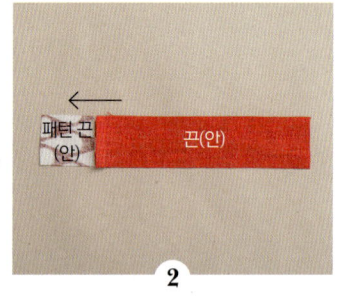

2

두 원단을 펼친 후 뒤집는다. 이때, 시접을 모아 패턴 원단 쪽으로 꺾어 눕힌다.

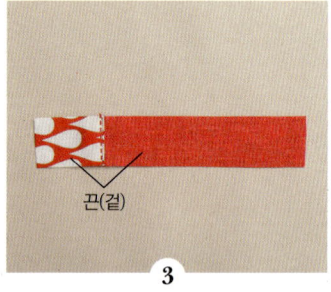

3

원단의 겉면에서 이은 부분을 눌러 박음질한다.

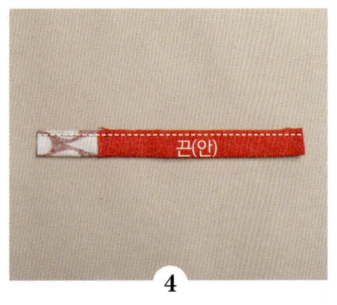

4

안이 보이도록 원단을 길게 반으로 접은 후, 완성선을 따라 박음질한다.

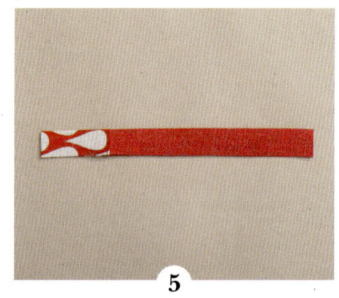

5

원단을 뒤집은 후 다린다.

끈 달기

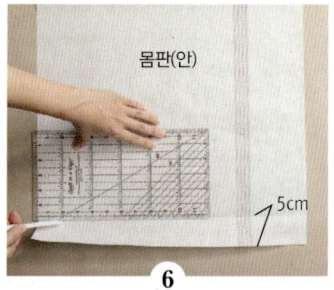

6

몸판 원단의 가방 입구 부분 시접(5cm)을 헤라로 눌러준다.

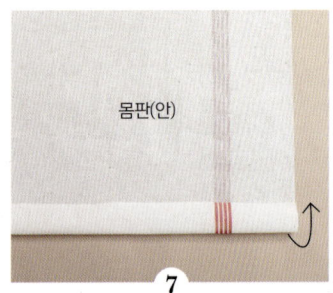

7

헤라로 누른 후 접은 모습.

8

가방 끈 달아 줄 위치를 표시한 후 1cm 정도 끼워 놓는다.

9

입구 시접을 눌러서 박음질한다.

몸판 만들기

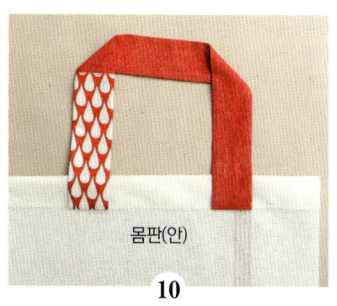

10

끈을 위쪽으로 올려 꺾는다.

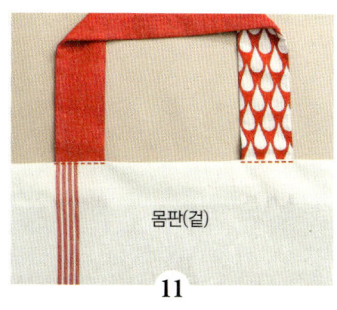

11

겉면에서 끈과 몸판이 만나는 부분을 끝에서 0.2cm 안쪽으로 두세 번 되박음질한다.

※반대편도 똑같은 방법으로 끈을 달아준다.

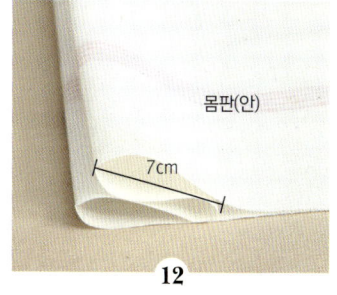

12

다시 원단을 뒤집어 몸판 안쪽이 보이도록 놓고, 바닥을 지그재그 형태로 접는다.

13

양 옆선을 박음질한다.

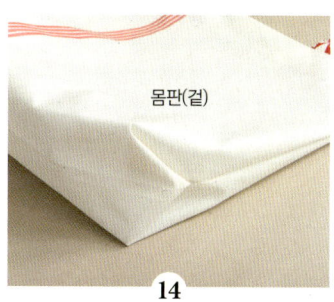

14

원단을 뒤집은 후, 바닥을 잘 정리한다.

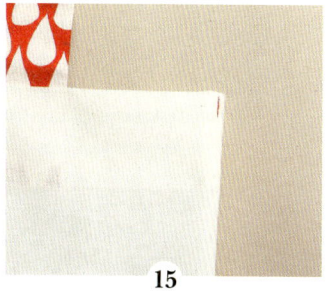

15

가방 옆 상단 1cm 정도 빨간 실로 두세 번 되박음질한다.

20 빅빅빅 가방 p.72

Ready

완성 사이즈 39cm×26cm×52cm(가로×세로×높이),
   끈 6cm×48cm
원단 캔버스(내추럴색) 110cm 폭 1.6마
   A 몸판 67cm×144cm
   B 주머니 26cm×46cm
   C 끈 62cm×14cm 2장
부자재 재봉실(빨간색)

완성 그림

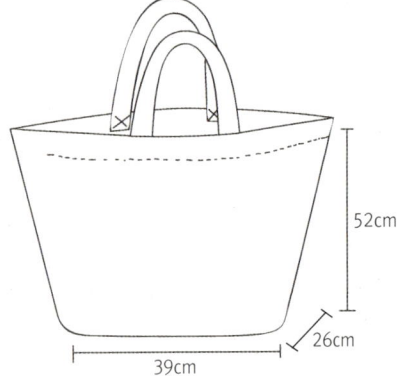

재단 도안

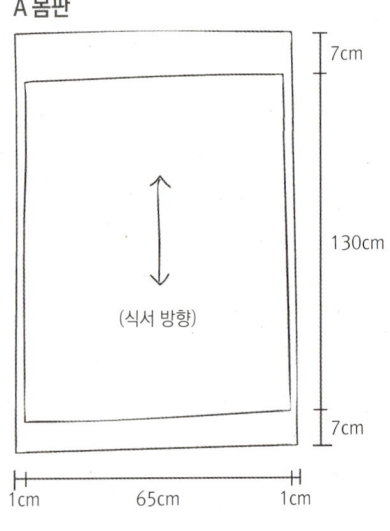

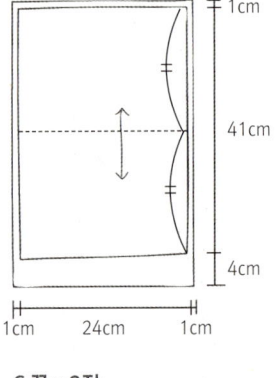

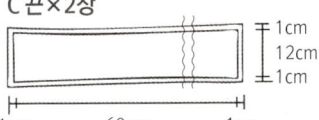

How to Make

주머니 만들기

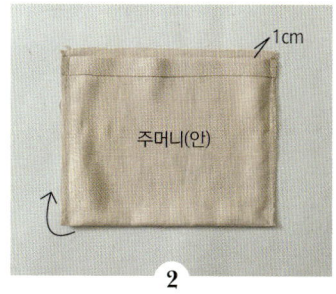

1 주머니 옆선을 오버로크 또는 지그재그로 박음질한다. 주머니 상단은 1cm, 3cm 두 번 접어 박음질한다.

2 상단 시접이 보이도록 반으로 접은 후, 옆선을 박음질한다. 이때, 주머니 뒤쪽 원단이 앞쪽 원단 보다 1~2cm 정도 길게 올라오도록 한다.

3 겉면이 보이도록 뒤집고, 지그재그 시접이 보이지 않도록 입구 쪽을 빨간 실로 박음질한다.

끈 만들기

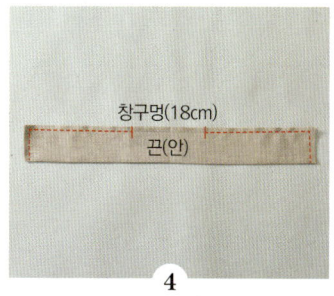

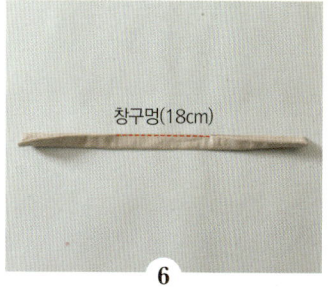

4 원단을 길게 반으로 접은 후, 창구멍을 제외한 부분을 박음질한다.

5 모서리를 잘 정리한 후, 창구멍으로 뒤집는다.

6 끈을 반으로 접어 창구멍만 박음질한다.

몸판 만들기

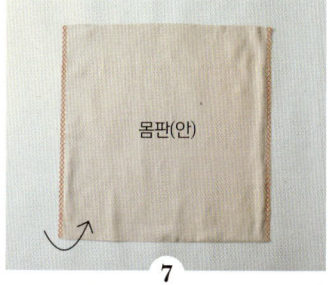
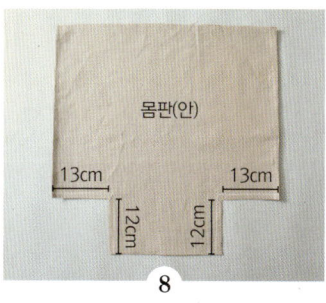

7 몸판 원단을 겉면이 마주보도록 아래에서 위로 반으로 접고, 옆선을 박은 후, 시접을 오버로크(지그재그)한다.

8 가방 바닥이 될 부분을 가로 13cm, 세로 12cm 양쪽 모두 잘라낸다. 재단선에서 안쪽으로 1cm 들어간 부분에 시접 선을 그린다.

9 바닥 중심선과 옆선이 만나도록 원단을 접는다. 이때 옆선의 시접은 한 쪽으로 꺾어 눕힌다.

10

하단을 박음질한 후, 시접을 오버로 크(지그재그)한다.

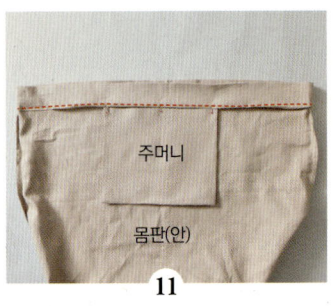

11

가방의 입구가 될 몸판의 윗부분을 1cm, 6cm 두 번 접은 후, 주머니를 중앙에 시침핀으로 고정한다.
가방 입구 전체의 시접을 눌러 박음질한다.

12

ㅁ자 또는 X자로 박음질하여 끈을 달아준다.

13

가방을 뒤집은 후, 옆단 끝과 끈의 끝을 빨간 실로 두세 번 되박음질한다.

21 내추럴 헤비 리넨 가방 p.76

Ready

완성 사이즈 35cm×15cm×34.5cm(가로×세로×높이),
끈 2.5cm×55cm

원단 8수 리넨(복숭아색) 1.3마
  A 몸판(앞뒤) 40cm×38cm 2장
  B 몸판(옆·바닥) 20cm×112cm
  C 몸판(앞뒤 안단) 40cm×7cm 2장
  D 몸판(옆 안단) 20cm×7cm 2장
  E 끈 10cm×57cm 2장

완성 그림

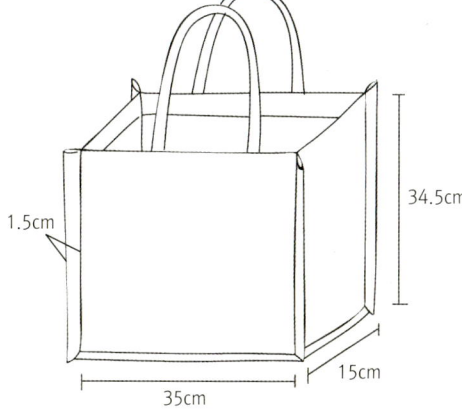

재단 도안

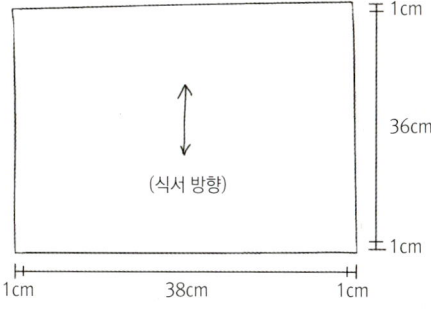

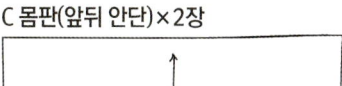
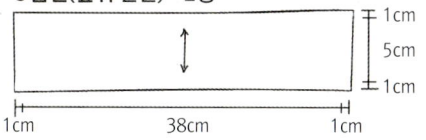

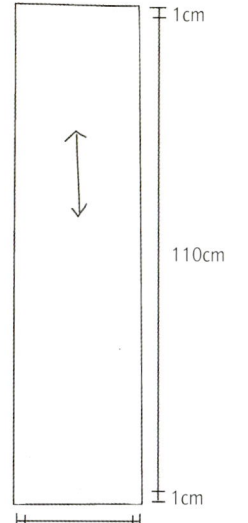

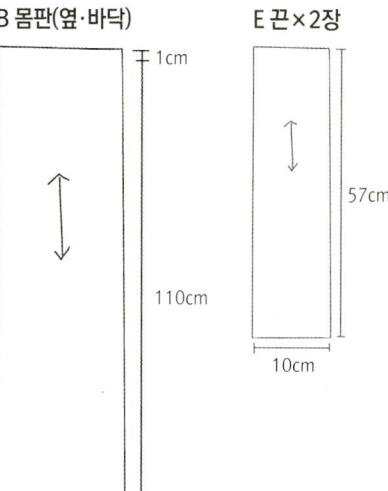

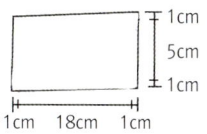

How to Make

끈 만들기

'끈 만드는 법(109쪽)'을 참조하여 원단 E로 트인 끈을 만든다.

몸판과 바닥면 잇기

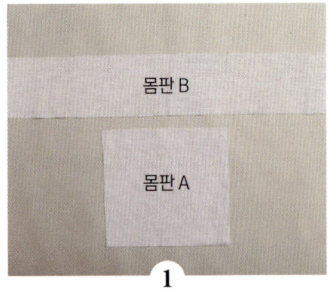

1

몸판 원단 A 1장과 몸판 원단 B를 준비한다.

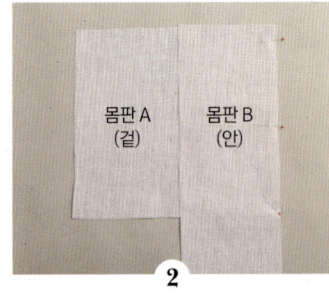

2

몸판 원단 A의 위에 몸판 원단 B를 사진처럼 올려놓고, 시침핀으로 고정한다.

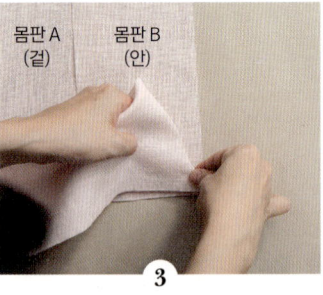

3

몸판 원단 B의 하단을 몸판 원단 A에 맞게 접는다.

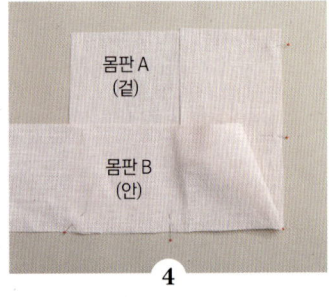

4

사진처럼 모양이 완성되면 시침핀으로 하단을 고정한다.

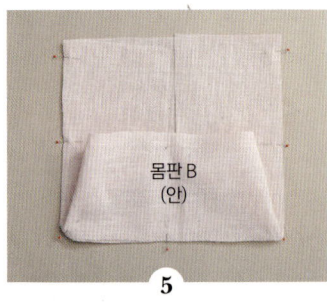

5

왼쪽 면도 같은 방법으로 접은 후 시침핀으로 고정한다.

6

완성선을 따라 세 면을 1cm 들여 박음질한다.

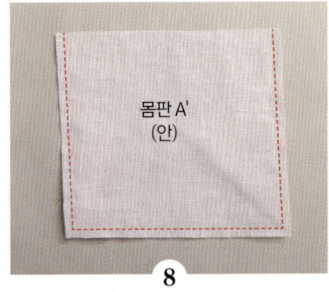

8

같은 방법으로 원단 A'와 원단 B를 박음질해 이어준다.

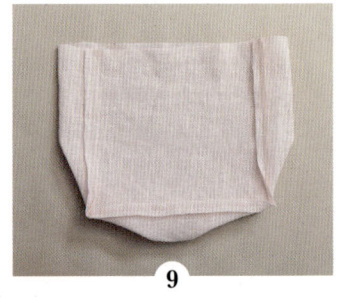

9

시접을 가른다.

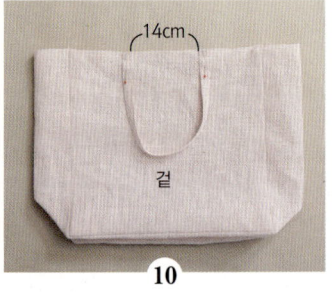

10

원단을 뒤집은 후, 끈을 시침핀으로 고정한다.

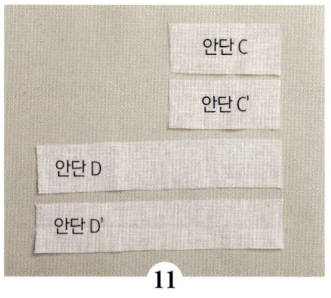
11 안단 원단 C 2장, D 2장을 준비한다.

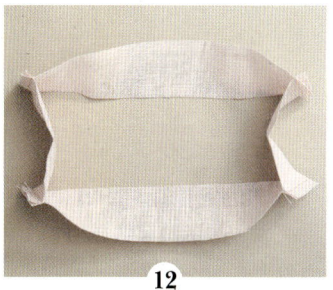
12 원단 C, D를 하나씩 사진처럼 연결해서 옆선을 1cm 들여 박음질한다.

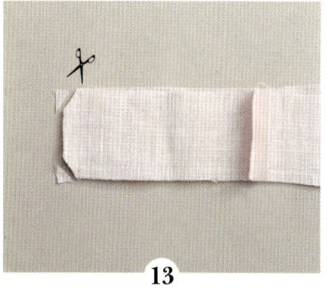
13 모든 시접의 상단과 하단을 사선으로 잘라낸다.

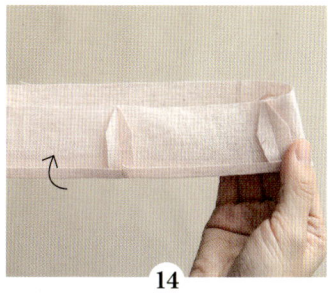
14 시접을 가르고 안단 아래쪽 시접 1cm를 접어놓는다.

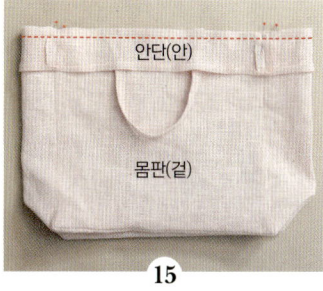
15 몸판과 안단의 겉면이 마주보도록 모서리를 잘 맞춰 고정한 후, 완성선을 따라 박음질한다. 이때, 끈 부분은 두세 번 되박음질한다.

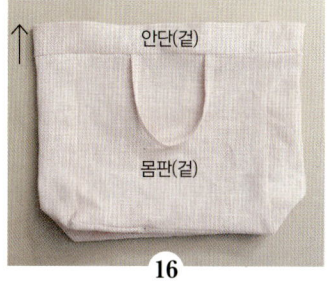
16 안단을 위로 꺾어 놓은 후 다린다.

17 몸판을 뒤집고 안단을 몸판쪽으로 꺾어 내린 후, 시접을 눌러 박음질한다. 입구도 0.2~0.3cm 들여 박음질한다.

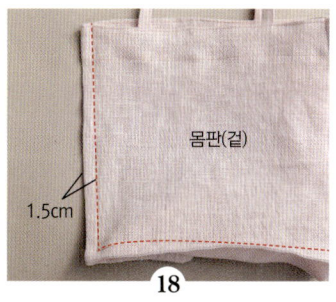
18 몸판을 다시 뒤집고 끝에서 1.5cm 안쪽으로 모서리를 박음질한다.

TIP 옆면과 하단을 따로 박음질하는 것이 편해요.

22 가리개 p.80

Ready

완성 사이즈 110cm×94cm(가로×세로)
원단 올이 성근 리넨 110cm×100cm

재단 도안

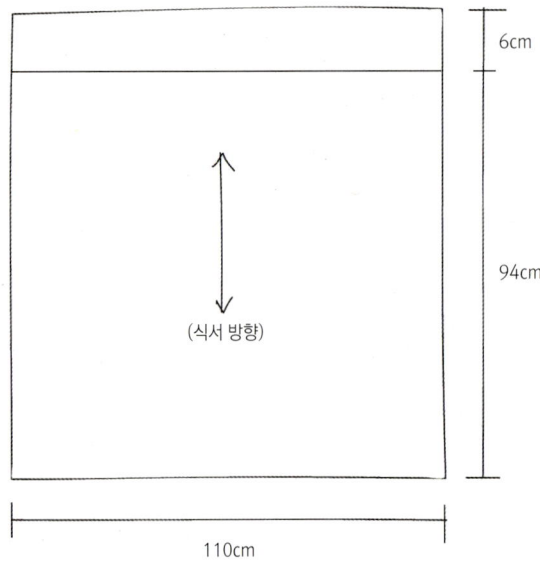

6cm
94cm
(식서 방향)
110cm

How to Make

1
양 옆선은 원단 끄트머리(셀비지)가 더 이상 풀리지 않도록 끝선에서 0.2~0.3cm 들여 박음질한다.

2
윗단의 시접은 1cm, 5cm 두 번 접어 박음질한다.

TIP 봉의 굵기에 따라 넓이는 조절하세요.

3
아랫단은 송곳을 이용해 1~2cm 정도 올을 푼다.

4
다시 1cm 정도 올라온 부분을 다섯 올 정도 푼다.

5
과정 4를 진행한 모습.

TIP 보통은 두 번 접어 박음질하는 방법으로 마감을 하지만, 올을 풀어서 프린지(술)를 만들면 자연스러운 느낌을 낼 수 있어요.

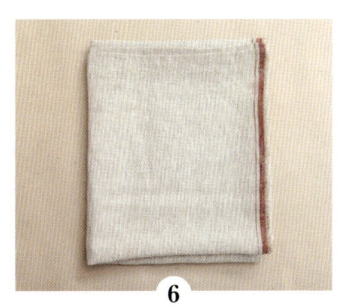
6
가리개 완성.

23 슬립 p.82

Ready

완성 사이즈 S(44), M(55), L(66)
원단 워싱 선염 리넨(그레이) 150cm 폭 1.5마
실물크기패턴 B면

완성 그림

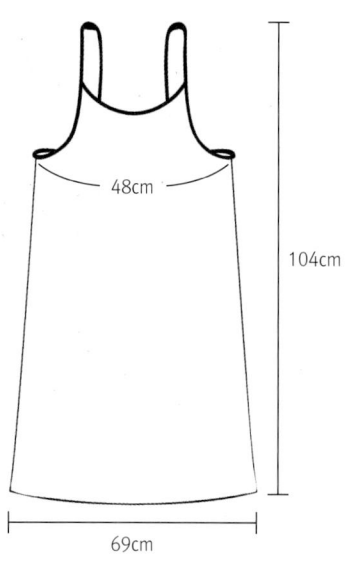

재단배치도

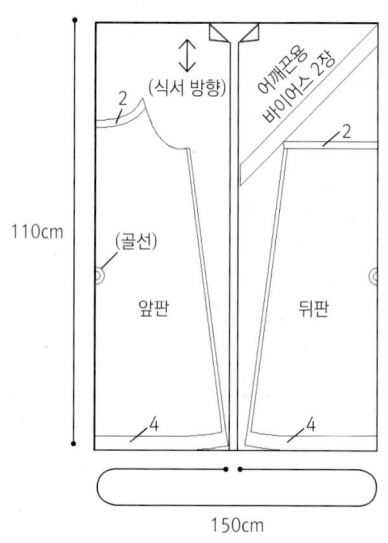

※표시 외 시접은 1cm
※완성 그림과 재단배치도는 M 사이즈 기준

How to Make

진동 아웃바이어스 및 어깨끈 만들기

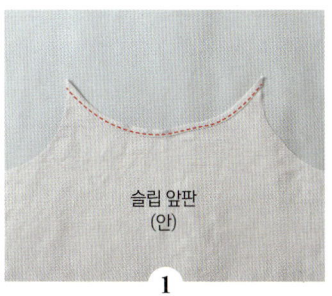

1

앞판 위쪽 시접을 1cm씩 두 번 접어 박음질한다.

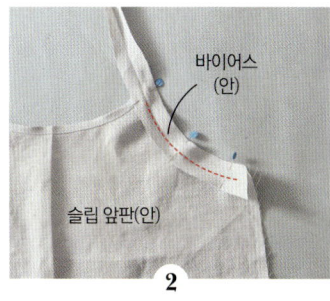

2

사진처럼 바이어스의 한쪽 끝을 앞판 진동선에 마주대고 시침핀으로 고정한 후, 완성선을 따라 박음질한다.

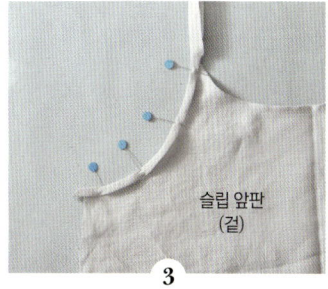

3

바이어스를 앞판 겉쪽으로 꺾고 원단을 뒤집은 후, 시접을 접고 시침핀으로 고정한다.

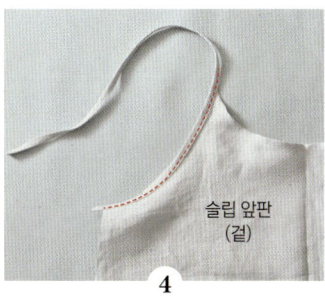

4

시접을 눌러 박고 이어서 나머지 바이어스(어깨끈이 될 부분)도 접어 박는다. 다른 한쪽도 같은 방법으로 만든다.

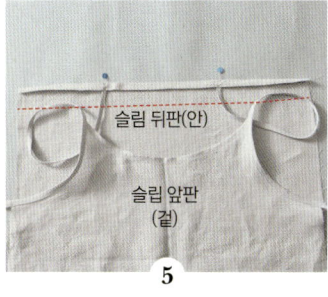

5

슬립 앞판과 뒤판의 안쪽 면이 마주보도록 포개어 놓은 후, 뒤판 위쪽의 시접을 두 번 접어 박음질한다. 이때, 앞판 진동의 바이어스 끈(어깨끈)을 뒤판 시접에 끼우고 같이 박음질한다.

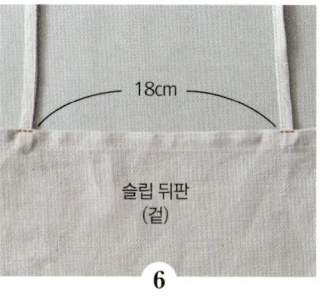

6

어깨끈을 위로 꺾어 끝부분을 박음질한다.

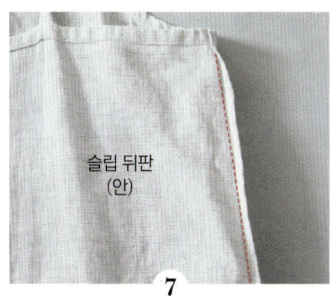

7

슬립을 뒤집고 옆선을 박음질한 후, 지그재그 또는 오버로크로 시접 처리한다.

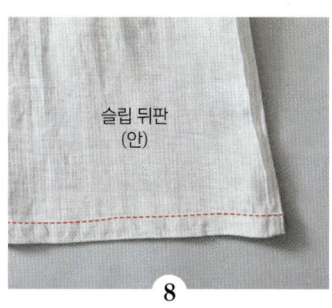

8

밑단을 1cm, 3cm 두 번 접어 박음질한다.

24 로브 p.84

Ready

완성 사이즈 S·M, L·XL
원단 삼중거즈(베이지) 160cm 폭 3마
실물크기패턴 A·B면

재단배치도

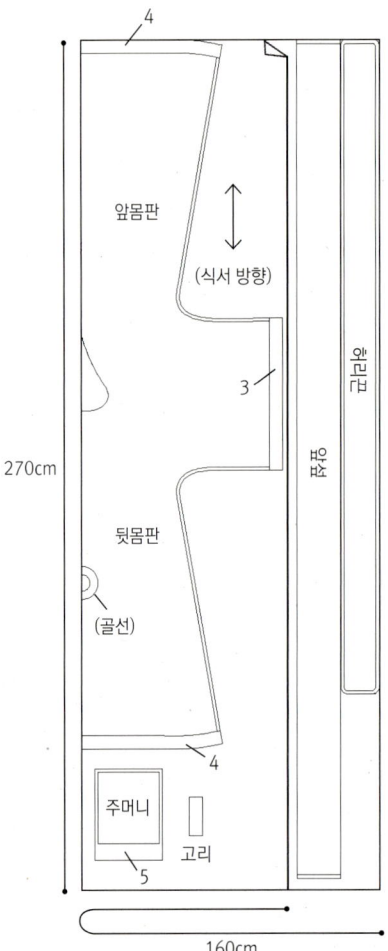

※표시 외 시접은 1cm
※재단배치도는 L·XL 사이즈 기준

How to Make

허리끈과 고리 만들기

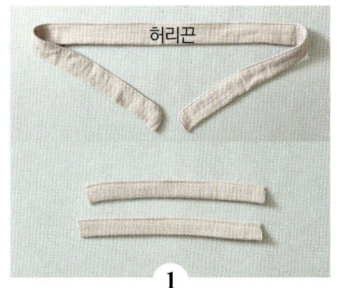
1

허리끈은 창구멍을 제외하고 완성선을 따라 박음질한 후, 뒤집어서 0.5cm 안쪽으로 박음질한다. 자연스럽게 창구멍도 막힌다.
※고정끈 고리는 '끈 만드는 법(109쪽)'을 참조하여 트인 끈으로 만든다.

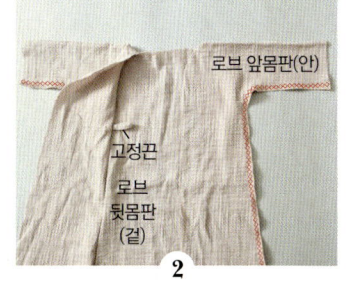
2

재단한 원단을 겉면이 안으로 가도록 위아래를 반으로 접는다. 소매선과 옆선을 박은 후, 오버로크한다. 이때, 허리끈 고리를 끼워 같이 박음질한다.

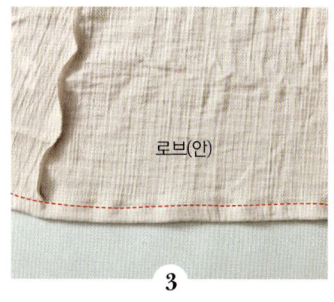
3

밑단 시접을 1cm, 3cm 두 번 접어 박음질한다.

앞섶 달기

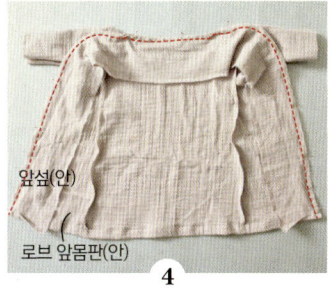
4

앞섶 겉면과 로브 앞몸판 안쪽 면이 마주보도록 포개어 시침핀으로 고정 후, 완성선을 따라 박음질한다.
※앞섶의 전체 길이를 넉넉히 잡았으니 시침핀으로 고정 후, 길이에 맞게 잘라주세요. 목둘레와 앞섶의 늘어나는 정도가 다르기 때문이에요.

5

이때, 밑단 부분은 시접 3cm를 미리 접어둔다.

6

겉쪽으로 꺾어 접은 후, 시접을 접어 박음질한다.

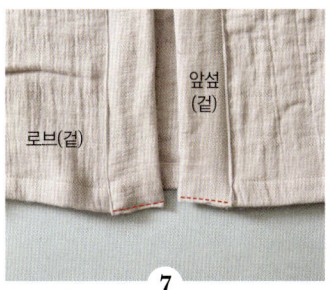
7

앞섶의 밑단을 정리해서 박음질한다.

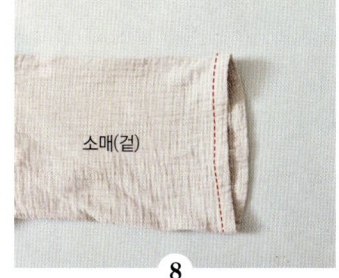
8

소맷단을 1cm, 2cm 접어 박는다.

주머니 달기

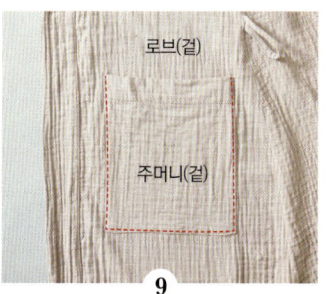
9

주머니를 만들어 단다.
TIP '주머니 만들기(129쪽)'을 참조하여 만든다.

25 거즈 블랭킷 p.86

Ready

완성 사이즈 88cm×108cm(가로×세로)
원단 A 삼중 또는 사중거즈(흰색) 110cm 폭 2마
　　　B 면(패턴) 15cm×12cm

재단 도안

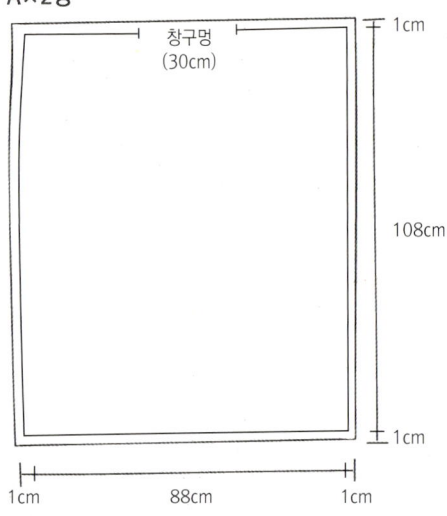

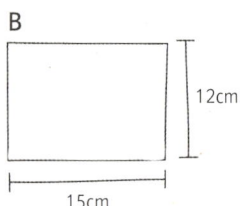

How to Make

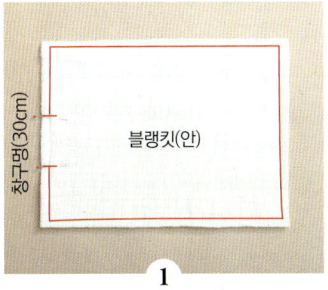

1

블랭킷 원단에 완성선을 그리고 2장을 겉면이 마주 보도록 포개어 놓는다. 이때, 창구멍(약 30cm)을 표시한다.

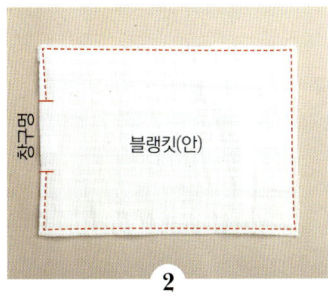

2

창구멍을 빼고 사방을 박음질한다.

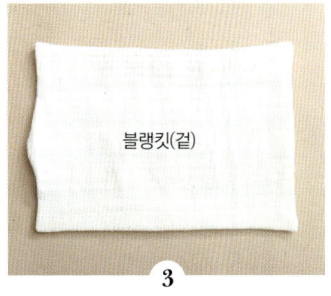

3

원단을 창구멍으로 뒤집는다.

TIP 뒤집기 전 창구멍의 완성선을 헤라로 눌러 두면 뒤집은 후 예쁘게 접혀서 좋아요.

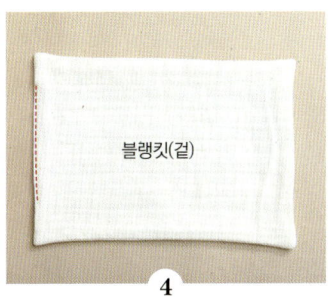

4

창구멍을 박음질한다.

5

박음질로 누벼준다. 단, 순서에 주의한다.

TIP 한 방향으로 순차적으로 누비면 원단이 울기 쉬워요. 누빔의 횟수와 방향은 자유롭게 정하세요.

6

준비해 놓은 패턴 무늬 원단을 한쪽 모서리에 박음질하거나, 홈질로 꿰맨다.

7

거즈 블랭킷 완성.

📧 26 커튼 p.88

Ready

완성 사이즈 180cm×240cm(가로×세로)
원단 광폭 리넨(탁한 하늘색) 192cm×266cm

재단 도안

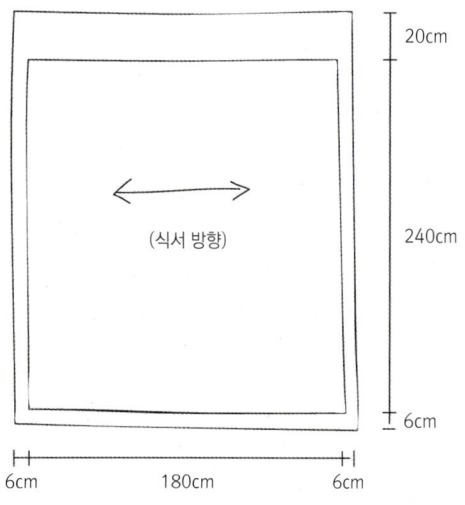

※여기서는 폭 180cm, 길이 240cm로 주름 없이 플랫형으로 만들었어요.
커튼을 달고 싶은 창의 사이즈를 재어 사방의 시접만큼 더해서 재단하면 됩니다.

※ 광폭 원단
보통 원단 폭은 110cm~160cm 정도입니다. 광폭 원단은 폭이 270~280cm로 커튼이나 침구류같은 큰 사이즈의 제품을 이음선 없이 만들 때 유용합니다.

※ 치수 정하는 법

[가로 치수]
- 주름을 잡지 않는 플랫형 창 너비+ 접분
- 1.5배 주름을 잡는 경우(창너비×1.5)+양쪽 시접분
- 2배 주름을 잡는 경우(창너비×2)+양쪽 시접분

ex) 180cm 창(프레임 포함)에 3cm 시접을 주는 경우
    플랫형   180 +(6×2) = 196cm
    1.5배 주름형(180×1.5) +(6×2) = 282cm
    2배 주름형 (180×2) +(6×2) = 372cm

[세로 치수]
창문의 세로 사이즈를 재고 위 시접분과 아래 시접분을 더한다.

ex) 230cm 창(프레임 포함)에 위 10cm 아래 3cm 시접을 주는 경우

    230 + 20 + 6 = 256cm

※창문의 가로 세로 치수를 잴 때는 프레임까지 포함해서 잽니다.

How to Make

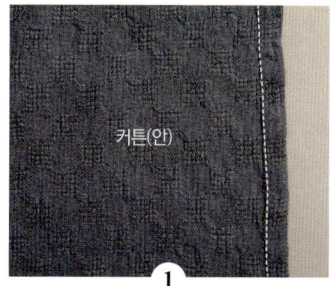

1

양 옆단은 3cm씩 두 번 접어 다린 후, 박음질한다.

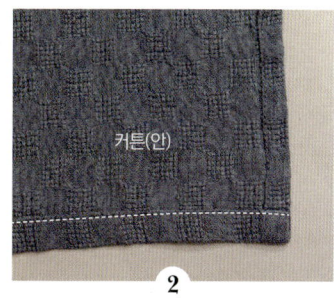

2

아랫단은 3cm씩 두 번 접어 다린 후, 박음질한다.

3

윗단은 10cm씩 두 번 접어 다린 후, 박음질한다.

TIP 핀으로 달 경우 상단에 '커튼용 심'을 넣고 같이 박음질하면 힘을 받을 수 있어서 좋아요.

27 방석 커버 p.92

Ready

완성 사이즈 60cm×60cm(가로×세로)
원단 워싱 리넨(그레이, 차콜, 하늘색, 흰색)
　　직선박기 147cm×62cm
　　오버로크 147cm×63cm

완성 그림

재단 도안
• 오버로크로 만들 경우 : 검은색
• 직선박기로 만들 경우 : 초록색

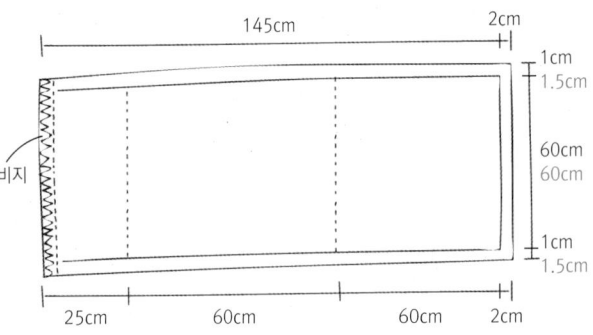

How to Make

오버로크로 만들기

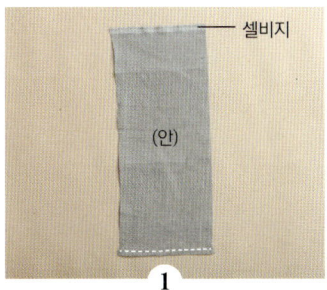

1

사진처럼 원단을 펼쳐놓고, 하단을 1cm씩 두 번 접어 박음질한다.

TIP 셀비지 없이 만드는 경우, 시접분(2cm)을 더해서 재단한 후 1cm씩 두 번 접어 박음질하세요.

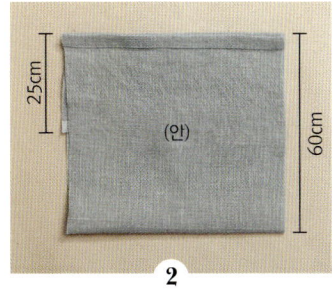

2

겉면이 보이도록 놓고, 상단 먼저 25cm 접는다. 하단도 60cm 접어 올린다.

3

양옆의 시접을 1cm 두고 박음질한다.

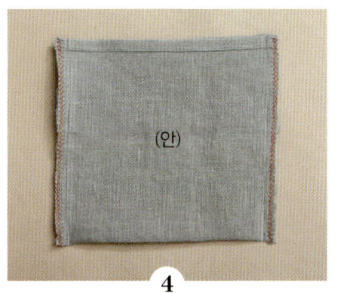

4

시접을 오버로크(지그재그)한다.

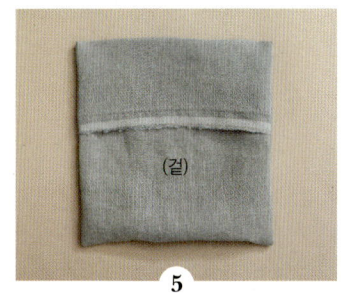

5

몸판을 뒤집고, 다시 입구의 겹치는 쪽(덮개)을 뒤집는다.

직선박기로 만들기

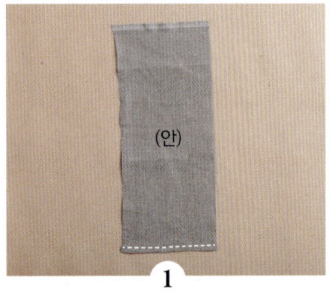

1
사진처럼 원단을 펼쳐놓고, 하단을 1cm씩 두 번 접어 박음질한다.

TIP 셀비지 없이 만드는 경우, 시접분(2cm)을 더해서 재단한 후 1cm씩 두 번 접어 박음질하세요.

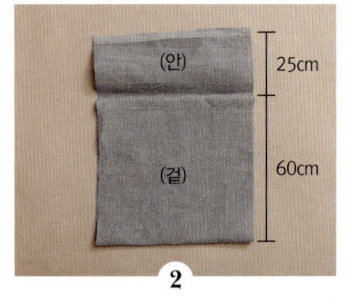

2
안이 보이도록 놓고, 하단 먼저 60cm 접는다.

3
상단(덮개 부분)도 아래쪽으로 접는다.

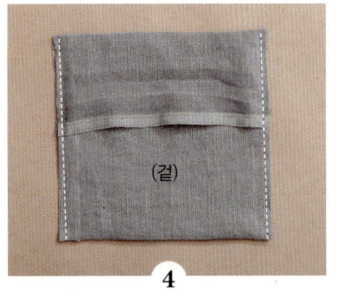

4
양옆의 시접을 0.5~0.7cm 두고 박음질한다.

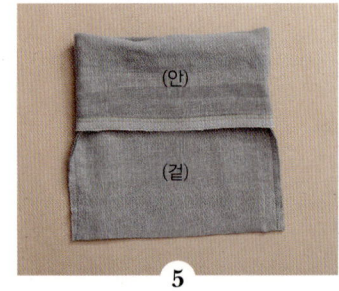

5
덮개가 될 부분을 먼저 뒤집는다.

6
다시 한 번 몸판을 마저 뒤집는다.

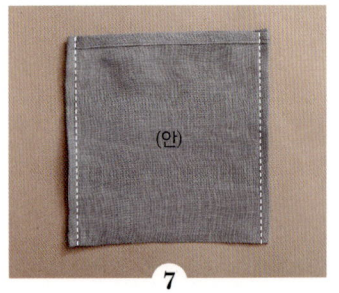

7
시접을 1cm 두고 옆선을 박음질한다.

8
몸판을 뒤집고, 다시 입구의 겹치는 쪽(덮개)을 뒤집는다.

28 베개 커버 p.96

Ready

완성 사이즈 70cm×50cm(가로×세로)
원단 평직 또는 헤링본 리넨(흐린 그레이, 그레이)
  직선박기 164cm×52cm
  오버로크 164cm×53cm

완성 그림

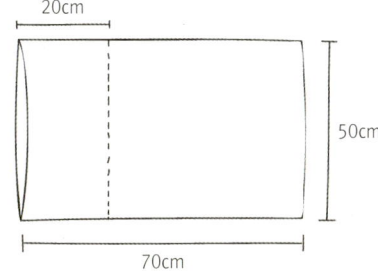

재단 도안
- 오버로크로 만들 경우 : 검은색
- 직선박기로 만들 경우 : 초록색

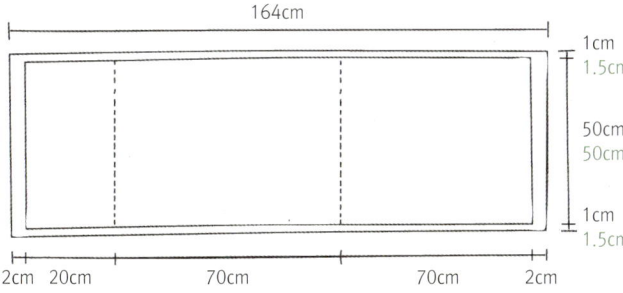

How to Make

오버로크로 만들기

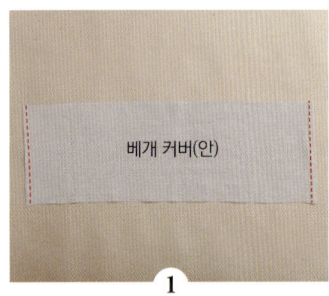

1

양 옆의 시접을 1cm씩 두 번 접어 박음질한다.

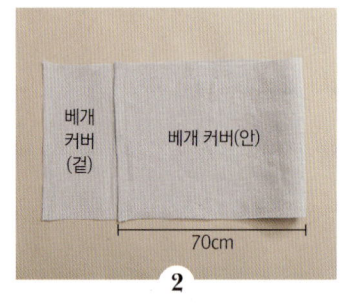

2

겉면이 보이도록 놓고 사진과 같이 오른쪽을 70cm 접는다.

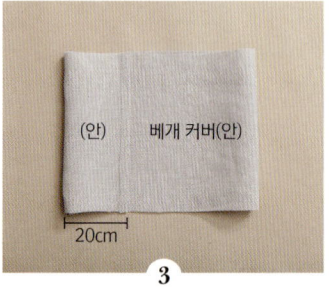

3

덮개가 될 왼쪽을 20cm 접는다.

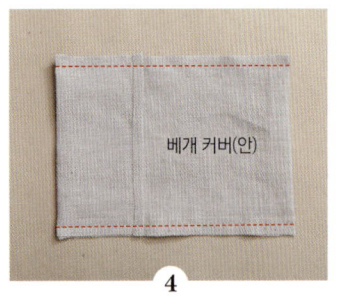

4

사진의 위아래(옆선)를 1cm 들여 박음질한다.

5

시접을 오버로크(지그재그)한다.

6

덮개가 될 부분을 뒤집고, 몸판을 뒤집는다.

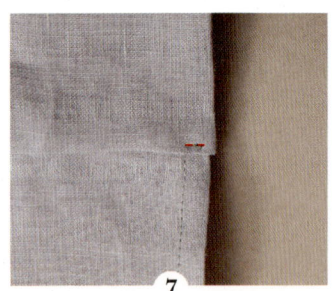

7

양쪽 입구가 터지지 않도록 박음질한다.

직선박기로 만들기

1

양 옆의 시접을 1cm씩 두 번 접어 박음질한다.

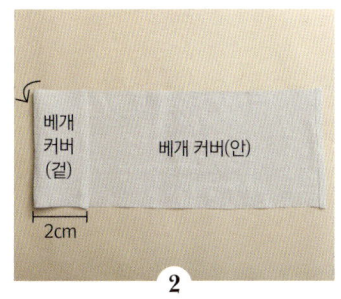

2

안쪽 면이 보이도록 놓고, 사진을 참고해 왼쪽을 20cm 접는다.

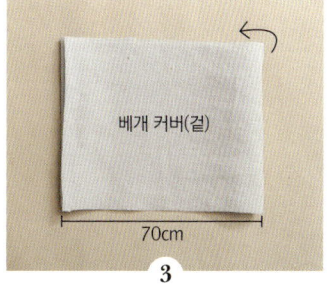

3

이번에는 오른쪽을 70cm 접는다.

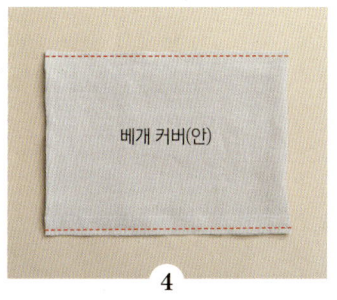

4

사진의 위아래(옆선)를 0.5~0.7cm 들어 박음질한다.

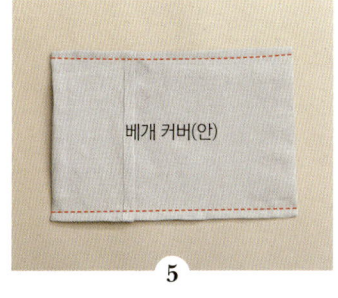

5

몸판을 뒤집고 다시 안쪽 덮개를 뒤집은 후, 시접을 1cm 두고 옆선을 박음질한다.

6

입구의 겹치는 쪽(덮개)을 뒤집고, 다시 몸판을 뒤집는다.

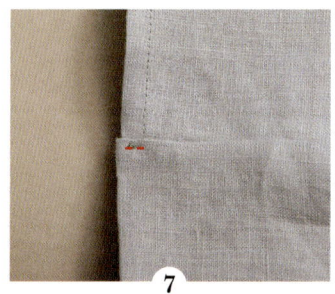

7

앞쪽 입구가 터지지 않도록 박음질한다.

TIP 장식 효과를 주고 덮개의 입구가 터지지 않도록 색실로 한 번 박음질해주세요.

29 이불 커버 p.98

Ready

완성 사이즈 200cm×230cm(가로×세로)
　　　　　※Q사이즈 기준
원단 광폭 리넨(짙은 청록색) 4.5마
　　　※광폭이 아닌 경우, 아래를 참조하여 재단하세요.
부자재 콘솔지퍼 약 180cm
　　　　솜 고정용 테이프 폭 0.3cm×약 25cm 필요한 개수만큼
　　　　(보통 8~12개)

재단 도안

광폭인 경우(과정1~3 생략)

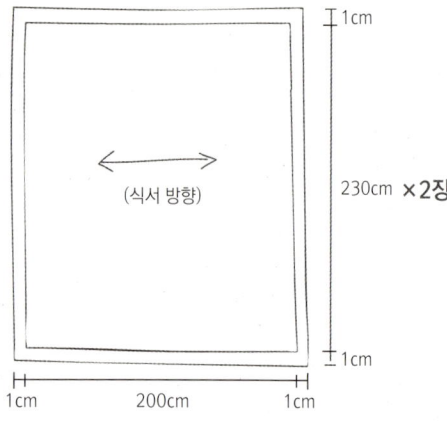

광폭이 아닌 경우

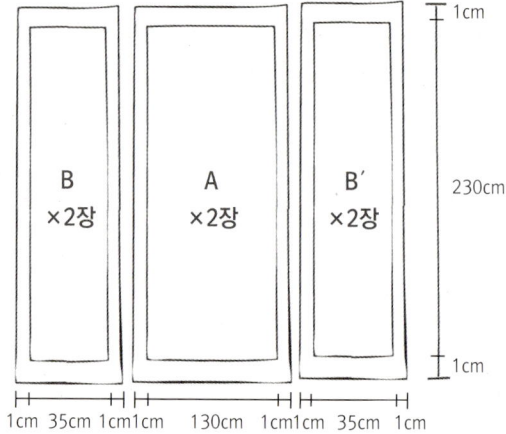

How to Make

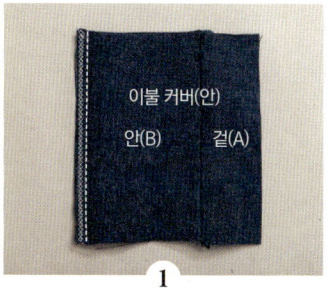
1
원단 A와 B를 겉면이 마주보도록 놓는다. 완성선을 따라 박음질한 후 오버로크한다.

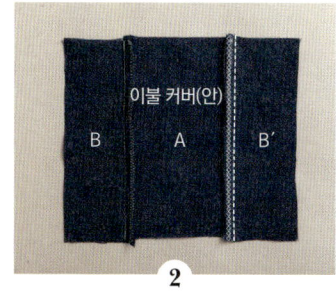
2
다른 쪽 A와 B'도 마찬가지 방법으로 잇는다.

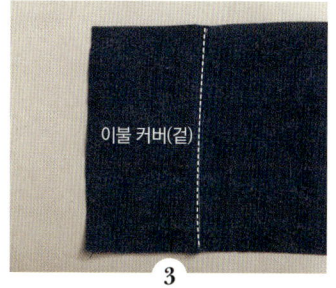
3
시접을 중심 쪽으로 꺾은 후 원단을 뒤집고 겉에서 눌러 박는다.

4
지퍼를 달 윗부분 앞판 뒤판 2장 모두 오버로크(지그재그)한다.

5
앞판 뒤판을 겉면이 마주보도록 놓고, 사진처럼 완성선 따라 양쪽을 15cm정도 박음질한다.

지퍼 달기

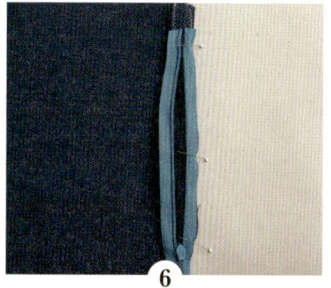
6
윗부분의 시접을 가른 후, 지퍼를 시침핀으로 고정한다.

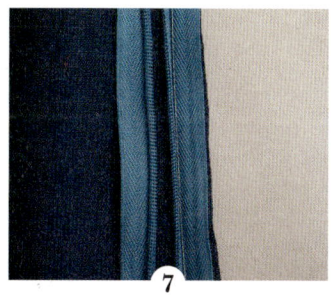
7
끝선에서 1cm 들여 박음질한다.
TIP 지퍼용 노루발을 사용하면 편하다.

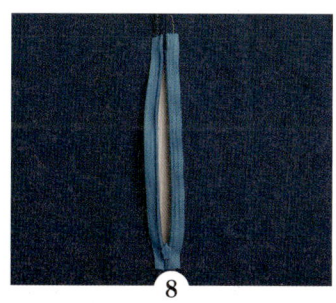
8
다른 쪽도 같은 방법으로 박음질한다.

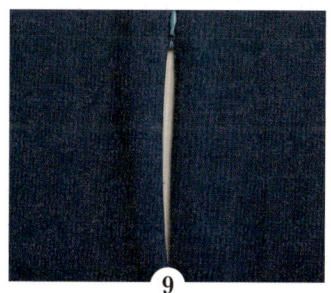
9
지퍼 달기 완성(겉에서 본 모양).

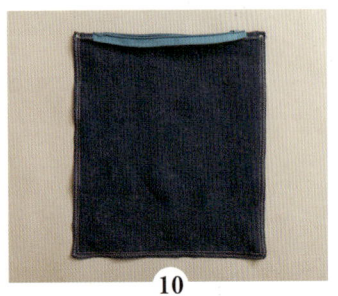 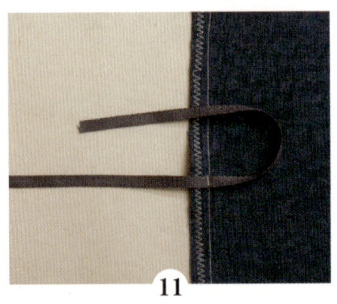 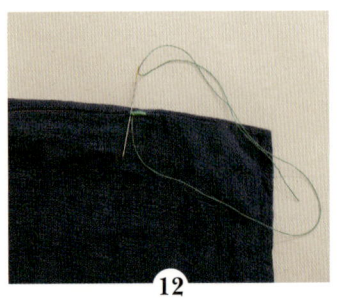

10 옆단과 아랫단을 완성선을 따라 박음질한 시접은 오버로크(지그재그)한다.

11 충전용 솜을 고정할 고리를 솜에 달린 고리의 위치에 맞게 달아준다.

12 지퍼 시작과 끝부분을 징거주면 터지는 것을 방지하고 장식의 효과도 줄 수 있다.

리넨으로 완성하는 일상의 멋

수상한 재봉틀의 생활 소품

Kitchen · Fashion · Living